Szasz
Psychiatrie – die verschleierte Macht

\/\/

Thomas S. Szasz

Psychiatrie – die verschleierte Macht

Essays über die psychiatrische
Entmenschung des Menschen

Walter-Verlag
Olten und Freiburg im Breisgau

Die Essays stammen aus der amerikanischen Originalausgabe «Ideology
and Insanity», erschienen im Verlag Doubleday, New York
© 1970 by Thomas S. Szasz

Die Übersetzung aus dem Amerikanischen besorgte
Thomas M. Höpfner

1975
Alle Rechte der deutschen Ausgabe vorbehalten
© Walter-Verlag AG Olten 1975
Lichtsatz: Tages-Anzeiger, Zürich
Druck: Walter-Verlag, Olten
Bindearbeiten: Buchbinderei Walter-Verlag, Heitersheim

ISBN 3-530-87001-3

Inhalt

Einleitung

Rousseau hat viele törichte Dinge gesagt, und zu seinen törichtsten und zugleich berühmtesten Äußerungen gehört der Satz: «Der Mensch ist frei geboren und doch überall in Ketten.» Dieses hochtrabende Wort verschleiert das Wesen der Freiheit. Denn wenn Freiheit die Fähigkeit ist, sich frei von Zwängen zu entscheiden, dann ist der Mensch in Ketten geboren. Und was das Leben von ihm fordert, ist die Befreiung.

Die Befähigung eines Menschen zur freien Entscheidung hängt von seinen inneren und äußeren Gegebenheiten ab. Die inneren, das heißt sein Charakter, seine Persönlichkeit oder seine «Psyche» mit seinen Ansprüchen und Wünschen sowie seinen Abneigungen und seiner Selbstzucht, treiben ihn zu verschiedenen Handlungen an und halten ihn gleichzeitig von ihnen ab. Seine äußeren Gegebenheiten, das heißt seine biologische Ausstattung und seine physi(kali)sche und soziale Umwelt einschließlich seiner körperlichen Fähigkeiten sowie des Klimas, der Kultur, der Gesetze und der Technologie seiner Gesellschaft, regen ihn zu Handlungen dieser oder jener Art an und hindern ihn an anderen. Diese Gegebenheiten formen und definieren Umfang und Qualität der Optionen eines Menschen. Allgemeiner gesagt, je mehr Kontrolle der Mensch über seine innere und äußere Verfassung gewinnt, desto freier wird er; kann er diese Kontrolle nicht verwirklichen, bleibt er versklavt, und verliert er sie, nachdem er sie erreicht hatte, wird er zum Sklaven.

Nun hat die Freiheit des Menschen allerdings eine wichtige Grenze, nämlich die Freiheit anderer Menschen. Die äußeren Umstände, die der Mensch zu meistern sucht, schließen ja auch andere Menschen und gesellschaftliche Einrichtungen ein, so daß sich ein komplexes Gewebe wechselseitiger Interaktionen und Interdependenzen ergibt. Oft kann ein Mensch seinen Spielraum für zwangfreie Entscheidungen nur dadurch erweitern, daß er den seines Mitmenschen einengt. Das gilt selbst dann, wenn einer nur die Selbstkontrolle will und andere durchaus in Frieden läßt. Seine Selbstzucht wird es anderen schwerer, wenn nicht gar unmöglich machen, ihn zu lenken und zu beherrschen. Schlimmer noch: Wenn der Mensch Mitmenschen unter seine Kontrolle zu bringen trachtet, hat *seine* Freiheit *ihre* Unfreiheit zur Folge. Die unbeschränkte Maximierung zwangfreier Entscheidungen aller ist eindeutig ein Ding der Unmöglichkeit. So kommt es, daß die persönliche Freiheit wahrscheinlich bleiben wird, was sie immer gewesen ist — ein hoher Preis für hartes Bemühen mit der Maßgabe, das Geltungsbedürfnis, das die persönliche Autonomie ausreichend sichern kann, und die Selbstzucht, die die Autonomie anderer zu wahren vermag, in einem — delikaten — Gleichgewicht zu halten.

Der Mensch ist das in Ketten geborene, unschuldige, hilflose Opfer innerer Leidenschaften und äußerer Zwänge, die ihn formen und nicht aus ihrem Griff entlassen. Die persönliche Entwicklung ist demnach ein Prozeß der individuellen Befreiung, bei dem Selbstdisziplin und Selbstlenkung an die Stelle innerer Anarchie und äußerer Zwänge rücken. Daher erfordert persönliche Freiheit nicht nur die Freiheit von willkürlicher politischer und zwischenmenschlicher Kontrolle, nicht nur Beherrschung der technischen Komplexitäten kunstreicher Gebrauchsgegenstände und soviel Geltungsbedürfnis und Selbstvertrauen, daß eigene schöpferische Kräfte entwickelt und präsentiert werden können, sondern vor allem Selbstzucht.

Die dialektische Wechselwirkung der gegeneinandergerichteten Tendenzen oder Themen Freiheit und Sklaverei, Befreiung und Unterdrückung, Tauglichkeit und Untauglichkeit, Verantwortung und innere Freizügigkeit, Ordnung und Chaos, die für das Wachstum wie für das Leben und Sterben des Individuums so wesentlich sind, sie also wird in der Psychiatrie und den ihr verwandten Fachrichtungen in die einander widersprechenden Tendenzen oder Themen «Reife» und «Unreife», «Unabhängigkeit» und «Abhängigkeit», «Geistesgesundheit» und «Geisteskrankheit», «Normalität» und «Wahnsinn» umgewandelt. Nach meiner Meinung sind alle diese psychiatrischen Termini unangebracht und unbefriedigend; denn jeder vernachlässigt den wesentlich moralischen und politischen Charakter der menschlichen Entwicklung und der sozialen Existenz oder lenkt von ihm ab. So werden die menschlichen Beziehungen und das persönliche Verhalten durch die Sprache der Psychiatrie ihrer ethischen Eigenschaften entkleidet und entpolitisiert. Dem habe ich in meiner bisherigen Arbeit vielfach entgegenzuwirken versucht, indem ich Ethos und Politik wieder den ihnen gebührenden Platz in Fragen der sogenannten Psychohygiene und der Geisteskrankheit zuwies. Kurzum, ich habe mich bemüht, die Sprache der Psychiatrie wieder ethisch zu machen und zu repolitisieren.

Obgleich die in diesem Bande gesammelten Essays in einem Zeitraum von über zehn Jahren entstanden sind, behandelt jedes einen bestimmten Aspekt desselben Problems, nämlich das Verhältnis zwischen Ideologie und Geisteskrankheit, wie es Theorie und Praxis der Psychiatrie widerspiegeln. Die Ergebnisse dieser Untersuchungen haben nach meinem Dafürhalten eine zweifache Bedeutung. Sie definieren die moralische Zwickmühle der gegenwärtigen, professionellen Psychohygieniker und erhellen zugleich das politische Grundproblem unserer Zeit oder vielleicht der condition humain überhaupt.

Meine Auffassung der Psychiatrie als einer wesentlich moralischen und politischen Angelegenheit brachte mich zur Neubewertung zahlreicher Situationen, in denen diese

Perspektive am eindeutigsten zu neuen Einsichten zu führen schien – beispielsweise Erziehungswesen, Recht, Empfängnisverhütung, Kampf gegen Drogenmißbrauch, Politik und natürlich die Psychiatrie selbst. In jedem Falle versuchte ich zu zeigen, daß einerseits der Mensch durch sein Streben nach Befreiung von der Last seiner moralischen Verantwortung seine Lebensprobleme mystifiziert und technisiert, und andererseits der davon ausgelöste Ruf nach «Hilfe» mit einer Verhaltenstechnologie beantwortet wird, die bereit und willens ist, dem Menschen seine moralische Bürde abzunehmen, indessen um den Preis, daß sie ihn als «Kranken» behandelt. Dieses menschliche Bedürfnis und die professionell-technische Antwort darauf bilden einen sich selbst nährenden Kreislauf und erinnern an das, was in der Kernphysik eine Brüterreaktion heißt: Einmal begonnen und in einem «kritischen» Stadium angelangt, hält sich der Prozeß selbst in Gang und verwandelt immer mehr menschliche Probleme und Situationen in technische Spezial-«Probleme», die von den Psychohygienefachleuten «gelöst» zu werden haben.

Dieser Prozeß, er lief im 17. Jahrhundert an und ging im 18. zügig weiter, wurde in der zweiten Hälfte des 19. Jahrhunderts «kritisch» – er wurde explosiv. Seither hat die Psychiatrie im Verein mit ihren Schwesterdisziplinen Psychoanalyse und Psychologie immer größere Bereiche des persönlichen Verhaltens und der sozialen Beziehungen für sich beansprucht.

II

Die Unterwerfung der menschlichen Existenz oder des Lebensprozesses durch die Psychohygieneberufe begann mit der Identifizierung und Klassifizierung sogenannter Geisteskrankheiten und gipfelt dieser Tage in der Behauptung, das ganze Leben sei ein «psychiatrisches Problem», welches die Verhaltenswissenschaft «zu lösen» sich aufgerufen sehe. Nach Ansicht prominentester Sprecher der Psychiatrie ist dieser Prozeß jetzt abgeschlossen. Howard P. Rome zum Beispiel, Seniorkonsiliarius für Psychiatrie an der Mayo-Klinik und früherer Präsident der American Psychiatric Association, sagt uns zuversichtlich: «Heute kann die Psychiatrie im Grunde die ganze Welt als ihr geeignetes Tätigkeitsfeld betrachten und braucht vor der Größenordnung dieser Aufgabe keineswegs zu erschrekken.»[1]

Wie alle Überfälle, begann auch die Einmischung der Psychiatrie in die Lebensreise des Menschen an den Grenzgebieten seiner Existenz und griff dann allmählich nach innen über. Als erstes erlag dem Ansturm das, was wir mittlerweile als «offenkundige» oder «schwere Fälle von Geisteskrankheit» zu betrachten gewohnt sind, das heißt, die sogenannten hysterischen Konversionen und die Psychosen, die heute fraglos als psychiatrische Erkrankungen akzeptiert werden, während sie früher eine Sache der Literatur, der Mythologie und der Religion waren.

Unterstützt und angespornt wurde die psychiatrische Machtergreifung durch Logik, Bilderzauber und Rhetorik der Wissenschaft, zumal der Medizin. Wer wollte da der Behauptung widersprechen, daß die Person, die sich krank verhielt, es aber nicht wirklich war, «hysterisch» genannt und zum geeigneten Gegenstand neuropsychiatrischer Verrichtungen erklärt werden müßte? War das denn nicht einfach ein Fortschritt der medizinischen Wissenschaft ähnlich ihren Fortschritten in Bakteriologie oder Chirurgie? Und ebenso gefragt: Wer konnte Einwände erheben, wenn andere «geistesgestörte Personen» – zum Beispiel solche, die vor der Herausforderung des wirklichen Lebens in ihre selbstgeschaffenen dramatischen Produktionen auswichen, oder solche, die falsche Identitäten vorgaben, weil sie mit ihren wirklichen nicht zufrieden waren –, wenn diese «Irren» also als «Schizophrene» und «Paranoiker» von der Psychiatrie mit Beschlag belegt wurden?

11

Nach der Jahrhundertwende und ganz besonders nach den beiden Weltkriegen hat sich das Tempo der psychiatrischen Unterwerfung rapide beschleunigt, mit dem Resultat, daß heute zumal im wohlhabenden Westen sämtliche Lebensprobleme und -schwierigkeiten als psychiatrische Krankheiten betrachtet werden und jedermann (bis auf die Diagnostiker) als geistesgestört gilt. Man kann tatsächlich ohne Übertreibung sagen, daß das Leben selbst jetzt als eine Krankheit gewertet wird, die mit der Empfängnis beginnt, mit dem Tode endet und dazwischen in jeder Phase ihres Verlaufs der kundigen Assistenz der Ärzte und vor allem der Psychohygieneexperten bedarf.

Das mag dem aufmerksamen Leser irgendwie bekannt vorkommen. Kein Wunder, denn die moderne psychiatrische Ideologie ist die traditionelle Ideologie der christlichen Theologie, angepaßt an ein wissenschaftliches Zeitalter. Statt in Sünde wird der Mensch jetzt in Krankheit geboren. Statt irdisches Jammertal, ist das Leben jetzt ein Tal der Krankheiten. Und wie der Mensch den Weg von der Wiege bis zum Grabe früher an der Hand des Priesters zurücklegte, so führt ihn jetzt der Arzt. Kurzum, war im Zeitalter des Glaubens die Ideologie christlich, die Technologie klerikal und der Fachmann der Priester, so ist im Zeitalter der Verrücktheit die Ideologie medizinisch, die Technologie klinisch und der Experte der Psychiater.

Wie schon oft bemerkt wurde, stellt diese Medizinierung und Psychiatrisierung – und noch allgemeiner gesagt, diese Technisierung – persönlicher, sozialer und politischer Belange in der Tat ein allgegenwärtiges Kennzeichen der modernen bürokratischen Zeit dar. Was ich hier in ein paar Sätzen und etwas ausführlicher in den folgenden Essays dieses Bandes einzufangen versucht habe, ist nur ein Zug, wenn auch ein wichtiger Zug, dieser modernen wissenschaftlich-technologischen Ideologie, nämlich die Ideologie der Normalität und des Irrsinns, der Psychohygiene und der Geisteskrankheit.

Ich habe früher mehrfach betont, daß ich diese Ideologie lediglich für alten Wein in neuen Schläuchen halte. Immer haben Herrscher gegen ihre Untertanen sich verschworen und sie in Banden zu halten gesucht und um ihrer eigenen Ziele willen noch stets auf Gewalt und Betrug zurückgegriffen. Wo die Rechtfertigungsrhetorik, mit der der Unterdrücker seine wahren Absichten und Methoden bemäntelt und falsch darstellt, am effektivsten ist, wie sie es früher in einer theologisch gerechtfertigten Tyrannei war, dort gelingt es dem Unterdrücker nicht nur, sein Opfer zu knechten, sondern auch, ihm das Vokabular zu nehmen, mit dem es seinen Leidensweg hätte ausdrücken können. Damit macht der Unterdrücker das Opfer zu einem Gefangenen, dem jegliche Fluchtmittel versagt sind.

Genau das hat in unseren Tagen die Ideologie des Wahnsinns erreicht. Sie hat es geschafft, ungeheuer viele – manchmal gewinnt man den Eindruck, fast alle – Menschen eines eigenen Vokabulars zu berauben, in dem sie ihre mißliche Lage ausdrücken könnten, ohne sich an eine psychiatrische Perspektive zu halten, die den Menschen als Person verstümmelt und ihn als Bürger unterdrückt.

III

Wie alle Ideologien findet die des Wahnsinns – vermittelt im pseudowissenschaftlichen Jargon psychiatrischer «Diagnosen», «Prognosen» und «Behandlungen», verkörpert im bürokratischen System der Institutionalen Psychiatrie und ihren «Nervenkliniken» genannten Konzentrationslagern – ihren charakteristischen Ausdruck in dem, was sie bekämpft – die Bindung an eine offiziell verbotene Vorstellung von oder Definition der «Realität». Die von uns als «verrückt» bezeichneten Menschen haben zu ihrem Glück oder Unglück in den wirklich wichtigen Fragen des Alltagslebens Stellung bezogen. Darin mögen sie recht getan oder geirrt haben, mögen sie weise oder dumm, als Heilige oder als Sünder gehandelt haben – wenigstens sind sie nicht neutral. Der Irre murmelt nicht, wie oft der Neurotiker, ängstlich vor sich hin, er wisse nicht, wer er sei, sondern behauptet zuversichtlich, er sei der Heiland oder der Entdecker einer Weltfriedensformel. Ebensowenig fügt sich eine verrückte Frau resignierend in die unbedeutende Identität einer Hausssklavin, wie es ihr «normales» Gegenstück durchaus fertigbekommt; vielmehr verkündet sie stolz, daß sie die Heilige Jungfrau ist oder das Opfer eines heimtückischen Anschlages ihres Gatten gegen sie.

Wie tritt der Psychiater dem sogenannten Geisteskranken als Patienten oder den als geisteskrank Inkriminierten gegenüber? Wie reagiert er auf ihre Behauptungen und auf die Behauptungen jener, die auf Grund ihres Verhältnisses zu dem Patienten ein Interesse an seinem Zustand haben? Scheinbar benimmt sich der Psychiater so, wie es von dem medizinischen Wissenschaftler, der zu sein er vorgibt, erwartet wird: Er bleibt «leidenschaftslos» und «neutral» im Angesicht der «Geisteskrankheiten», die er «diagnostiziert» und «heilen» versucht. Aber was, wenn diese «Krankheiten», wie ich meine, zum großen Teil menschliche Konflikte und die Produkte solcher Konflikte sind? Wie kann ein Experte seinem Mitmenschen in einem Konflikt helfen und selbst dabei abseits stehen? Die Antwort lautet: Er kann es nicht. Während sich die Psychiater also nach außen hin als neutrale Wissenschaftler geben, sind sie in Wirklichkeit die höchst inobjektiven Anwälte einer Partei in einem gegebenen Konflikt und die Gegner einer anderen. Hat es der Psychiater mit kleineren ethischen und sozialen Konflikten zu tun, wie sie «neurotische Patienten» oft präsentieren, befürwortet er de facto zumeist die selbstdefinierten Interessen des Patienten (wobei er zugleich gegen die Interessen jener verstößt, mit denen der Patient im Konflikt liegt). Aber wo es der Psychiater mit großen ethischen und sozialen Konflikten zu tun hat, wie sie «Psychotiker» oft präsentieren, bezieht er Stellung gegen die selbstdefinierten

Interessen des Patienten (und unterstützt die Interessen derer, mit denen sich der Patient im Konflikt befindet). Ich möchte damit folgenden Gedanken herausarbeiten. In beiden Fällen verbergen und mystifizieren die Psychiater gewohnheitsmäßig ihre Parteilichkeit hinter einer nebelhaften therapeutischen Neutralität, ohne sich je als Verbündete oder Gegner des Patienten zu bekennen. Statt Freund oder Feind behauptet der Psychiater, Arzt und Wissenschafter zu sein. Statt seine Eingriffe als für den Patienten hilfreich oder schädlich, befreiend oder belastend zu definieren, beharrt der Psychiater darauf, sie als «Diagnose» und «Behandlung» einer «Geisteskrankheit» zu definieren. Und genau darauf beruht nach meiner Ansicht das moralische Versagen und die technische Unzuständigkeit des zeitgenössischen Psychiaters.

Die folgenden Aussagen, die ich fast alle aufs Geratewohl zeitgenössischen psychiatrischen Quellen entnommen habe, veranschaulichen die vorsätzliche Entmoralisierung und Technisierung ethischer Probleme zwecks Rechtfertigung des angestrebten psychiatrischen «Managements». So schreibt Edward J. Sachar, Lehrbeauftragter für Psychiatrie am Albert Einstein College of Medicine in New York City: «Da der Psychiater *von einem wissenschaftlichen Standpunkt aus* jedes Verhalten – kriminelles wie gesetzestreues, gesundes wie krankes – als determiniert betrachten muß, findet er die Frage einer moralischen Verurteilung des Individuums unangebracht ... Genau wie die Funktionen des kranken und des gesunden Körpers in Übereinstimmung mit den Gesetzen der Physiologie ablaufen, so funktionieren kranke und gesunde Psychen im Einklang mit den Gesetzen der Psychologie ... Der Befund der Zurechnungsfähigkeit besagt für den Psychiater, daß der Kriminelle sein Verhalten ändern *muß*, ehe er seinen Platz in der Gesellschaft wieder einnehmen kann. Diese Injunktion ist kein *Gebot der Moralität,* sondern sozusagen eines der *Realität*» (Kursiv Th. Sz.).[2]

Ernest G. Poser, Lehrbeauftragter an den Departments Psychologie und Psychiatrie der McGill-Universität zu Montreal, hat im Clinton Prison in Dannemora (New York) mit finanzieller Unterstützung von Gouverneur Rockefellers Committee on Criminal Offenders Experimente durchgeführt, über die es heißt, sie versprächen dazu beizutragen, dass «wir eines Tages den Punkt erreichen, wo die Entscheidung, ob eine Person hinter Gitter kommt, *nicht auf Grund ihrer Schuld oder Unschuld* gefällt wird, sondern in Abwägung der Möglichkeit, ob sie ein weiteres Verbrechen verüben wird oder nicht» (Kursiv Th. Sz.).[3]

Karl Menninger, Doyen der amerikanischen Psychiater, predigt dieses Evangelium nun schon seit über vierzig Jahren. In seinem letzten Buch mit dem entlarvenden Titel *The Crime of Punishment* schreibt er: «Für Wissenschaftler hat das Wort *Gerechtigkeit* etwas Irritierendes. Kein Chirurg erwartet bezüglich einer Krebsoperation die Frage, ob sie gerecht sei oder nicht ... Gleichermaßen absurd finden Verhaltenswissenschaftler Gerechtigkeitserwägungen, wenn über das weitere Geschick einer Frau zu entscheiden ist, die ihre Neigung zu Ladendiebstählen nicht zügeln kann, oder über das eines Mannes, der seines Impulses zu tätlichen Angriffen auf andere Menschen nicht Herr wird.»[4]

Damit ist Verbrechen nicht mehr ein Problem von Recht und Moral, sondern eines der Medizin und der Therapie. Diese Umwandlung des Ethischen in etwas Technisches – des Verbrechens in Krankheit, des Rechts in Medizin, der Strafrechtslehre in Psychiatrie und der Bestrafung in Therapie – wird freilich auch von vielen Ärzten, Sozialkundlern und Laien begeistert gutgeheißen. So erklärt Roger Jellinek in seiner Besprechung von Menningers *The Crime of Punishment* in den *New York Times:* «Wie Dr. Menninger mit ätzender Schärfe nachweist, sind Verbrecher gewißlich krank, nicht böse.»[5]

«Verbrecher sind gewißlich krank ...» sagen die «Verhaltenswissenschaftler» und ihre Anhänger. Die Bestrafer sind kriminell, ergänzt Menninger. Wir sollen mithin glauben, daß die ungesetzlichen Handlungen Krimineller die Symptome einer Geisteskrankheit und die rechtmäßigen Handlungen der Rechtspflegeorgane Verbrechen sind. Demnach sind die Strafenden aber selbst Kriminelle und folglich ebenfalls «krank, nicht böse». Hier haben wir den Geisteskrankheitsideologen bei seiner Lieblingsbeschäftigung ertappt – bei der Fabrikation von Wahnsinn[6].

«Verbrecher sind gewißlich krank...» Darüber denke man nach, doch ohne zu übersehen, daß jeder überführte und verurteilte Gesetzesbrecher per definitionem ein Straftäter ist, und das gilt nicht nur für den gedungenen Mörder, sondern auch für den Arzt, der eine illegale Abtreibung vornimmt, nicht nur für den bewaffneten Räuber, sondern auch für den Geschäftsmann, der seine Einkommenssteuererklärung betrügerisch frisiert, nicht nur für den Brandstifter und den Dieb, sondern auch für den Glücksspieler und den Hersteller, Verkäufer und oft den Verbraucher verbotener Drogen (Alkohol während der Prohibitionszeit, Marihuana heute). Alles Verbrecher: Keine Bösewichter sind sie, und gut auch nicht, nur eben geistig-seelisch krank. Jeder, ohne Ausnahme. Aber nicht vergessen: Es müssen immer die *anderen* sein, niemals wir selber!

Kurz gesagt, während der sogenannte Verrückte jemand ist, der sich charakteristischerweise bindet, festlegt, ist der Psychiater jemand, der charakteristischerweise genau das nicht tut. Eine falsche Neutralität in den anstehenden Fragen behauptend, schließt er den Irren und seine so lästigen Behauptungen von der Gesellschaft aus.

IV

Da die Psychiater einer ehrlichen und verantwortungsbewußten Stellungnahme zu den von ihnen behandelten Problemen ausweichen, bleiben die wichtigen intellektuellen und moralischen Mißstände der Psychiatrie uneingestanden

17

und werden nicht untersucht. Wir können sie in die Form mehrerer Fragen zu grundsätzlichen Entscheidungen über Natur, Bereich, Methoden und Werte der Psychiatrie kleiden:

1. Ist das Feld der Psychiatrie das Studium und die Behandlung medizinischer Zustände oder das Studium und die Beeinflussung sozialer Verhaltensweisen? Mit anderen Worten, untersucht die Psychiatrie Krankheiten oder aber Rollen, Ereignisse oder Handlungen?

2. Ist das Ziel der Psychiatrie das Studium des menschlichen Verhaltens oder die Lenkung menschlichen (Fehl)-Verhaltens? Mit anderen Worten, will die Psychiatrie Erkenntnisse und Einsichten fördern oder will sie (Fehl-)Verhalten regulieren?

3. Ist die Methode der Psychiatrie der Austausch von Kommunikationen oder diagnostisches Testen und kuratives Behandeln? Mit anderen Worten, worin eigentlich besteht die psychiatrische Praxis – im Zuhören und Reden oder im Verschreiben von Drogen, in Gehirnoperationen und im Einsperren der als geisteskrank bezeichneten Menschen?

4. Ist schließlich der Leitwert der Psychiatrie der Individualismus oder der Kollektivismus? Mit anderen Worten, will die Psychiatrie dem Individuum dienen oder dem Staat?

Für die derzeitige Psychiatrie ist charakteristisch, daß sie sich vor allen diesen Fragen systematisch drückt. So gut wie sämtliche Zeitschriftenartikel oder Bücher von der Hand anerkannter psychiatrischer Kapazitäten bestätigen diese Behauptung. Zwei kurze Beispiele mögen es belegen.

In dem früher zitierten Artikel lehnt Sachar ausdrücklich die Auffassung ab, der Psychiater sei in einem Konflikt Partei. Sachar schreibt: «Wem zuliebe versucht der Psychiater denn, den Verbrecher zu ändern? Diesem oder der Gesellschaft zuliebe? Um beider willen, würde er argumentieren – genau wie der Arzt bei einem Pockenfall unmittelbar daran denkt, den Patienten zu retten, aber auch daran, die Gesellschaft zu schützen.»[7]

Roy R. Grinker Sr., der Direktor des Institute for Psychosomatic and Psychiatric Research and Training des Michael Reese Hospital and Medical Center in Chicago, verteidigt in einem Essay den Gedanken, «Geisteskrankheit» sei eine Krankheit, und schreibt: «Das medizinisch richtige Modell ist eines, in dem der Psychotherapie nur die Rolle eines Teils zukommt. Therapeutisch gesehen, gehört zum Gesamtgebiet ... die Wahl der therapeutischen Umgebung, wie beispielsweise Privatwohnung, Klinik oder Krankenhaus; die Wahl der Therapie, wie beispielsweise Drogen, Schockbehandlung und Psychotherapie ...»[8] Grinker spricht von «Wahl» und schweigt sich doch diskret und zugleich strategisch über alle Fragen aus, die ich oben aufgeworfen habe. Er sagt nicht, *wer* die «therapeutische Umgebung» oder die «Therapie» bestimmt – der Patient? Seine Verwandten? Der Psychiater? Der Richter? Der Gesetzgeber? Und er sagt auch nicht, was *geschieht*, wenn der «Patient» sich nun dafür entscheidet, kein Patient sein zu wollen, oder wenn der Psychiater die Einweisung in eine Heilanstalt empfiehlt und der Patient nicht will.

Diese weißen Stellen sind kein Zufall, sondern, wie ich in den folgenden Essays zeigen möchte, die Quintessenz der heutigen «wissenschaftlichen» Psychiatrie. Das Mandat des zeitgenössischen Psychiaters, das heißt des berufsloyalen «dynamischen» oder «progressiven» Psychiaters, besteht genau darin, die ethischen Zwangslagen des Lebens zu verschleiern, ja zu leugnen, und sie in medikalisierte und technisierte Probleme umzuwandeln, die «professionell» gelöst werden können.

Kurzum, ich werde zu zeigen versuchen, daß die Forderungen und Praktiken der modernen Psychiatrie den Menschen entmenschlichen, indem sie auf der Grundlage pseudowissenschaftlicher Beweisführungen des Bestehen, ja schon die bloße Möglichkeit einer persönlichen Verantwortung bestreiten. Aber das Konzept der persönlichen Verantwortung steht im Mittelpunkt der Auffassung vom Menschen als moralisch handelndes Wesen. Ohne es wird die Freiheit des einzelnen, das höchste Gut des westlichen Menschen, zu einer «Leugnung der Realität», einer wahren «psychotischen Täuschung» mit dem Ziel, dem Menschen eine Größe anzudichten, die er in Wahrheit nicht besitzt. Eindeutig ist demnach die Psychiatrie nicht schlichtweg eine «medizinische Heilkunst» – so lautet die Phrase, hinter der mit falscher Bescheidenheit heute viele, die sie praktizieren, gern ihr wirkliches Tun verbergen –, sondern sie ist eine Ideologie und eine Technologie zur radikalen Umgestaltung des Menschen.

1. Februar 1969.

Vorwort

Dieses Buch enthält eine Sammlung von Essays, die bis auf eines schon früher veröffentlicht worden sind. Keines der Stücke erscheint hier ganz in seinem ursprünglichen Wortlaut, doch sind die vorgenommenen Änderungen nur geringfügig. Um die Kontinuität und die Lesbarkeit zu erhöhen, habe ich, wo immer möglich, Weitschweifigkeiten ausgemerzt und im Interesse einer größeren stilistischen Geschlossenheit Hinweise und Anmerkungen auf einen für dieses Buch geeigneten Umfang komprimiert. Der in die deutsche Ausgabe neuaufgenommene Essay «Anstaltsunterbringung Geisteskranker wider ihren Willen – ein Verbrechen gegen die Menschlichkeit» war zunächst in stark gekürzter Form erschienen und wird hiermit zum ersten Mal in seiner Gänze vorgelegt.

Ich möchte den Editoren und Verlegern der Zeitschriften und Bücher, in denen diese Arbeiten ursprünglich publiziert worden sind, an dieser Stelle für die Genehmigung zu Neuherausgabe und Wiederabdruck danken. Ich danke meinen Kollegen Dr. Seth Many und Dr. Shirley Rubert für kluge Vorschläge zur Gestaltung der Einleitung; Mrs. Andrea Bottstein vom Verlag Doubleday Anchor für ihre Hilfe bei der Auswahl und Einrichtung der Essays im Hinblick auf die Veröffentlichung als Buch; und meiner Sekretärin, Mrs. Margaret Bassett, für ihren wie immer aufopfernden Beistand in jeder Phase dieser Arbeit.

Syracuse, New York

Thomas S. Szasz

1. Der Mythos der Geisteskrankheit

Im Mittelpunkt praktisch aller heutigen psychiatrischen Theorien und Verrichtungen steht das Konzept der Geisteskrankheit, dessen kritische Untersuchung daher unumgänglich ist, wenn wir die Gedanken, Einrichtungen und Eingriffe der Psychiater verstehen wollen.

Ich möchte in diesem Essay die Frage aufwerfen, ob es ein solches Ding wie Geisteskrankheit gibt, und darlegen, daß dem eben *nicht* so ist. Natürlich ist Geisteskrankheit kein Ding oder Objekt im physikalischen Sinne und daher nur in der gleichen Weise existent wie andere theoretische Konzepte. Doch in der Sicht derjenigen, die an sie glauben, gewinnen Theorien mit großer Wahrscheinlichkeit früher oder später den Anschein «objektiver Wahrheiten» oder «Tatsachen». Bestimmte Geschichtsepochen faßten erklärende Konzepte wie Gottheiten, Hexen und Instinkte nicht nur als Theorien, sondern als *selbstverständliche, offenkundige* Ursachen zahlloser Ereignisse auf. Heute wird die Geisteskrankheit so betrachtet, das heißt als Ursache einer Unmenge verschiedener Ereignisse.

Als Gegengift gegen den selbstgefälligen Gebrauch, den man heute von der Auffassung der Geisteskrankheit als einer selbstverständlichen Erscheinung, Theorie oder Ursache macht, sei die Frage gestellt: Was ist gemeint, wenn behauptet wird, jemand sei geisteskrank? In diesem Essay werde ich beschreiben, wozu das Konzept der Geisteskrankheit hauptsächlich verwendet wird, und zeigen, daß dieser Wahnsinnsbegriff irgendwelchen kognitiven Nutzen, den er früher vielleicht einmal hatte, längst überlebt hat und jetzt nur noch als ein Mythos fungiert.

II

Der Vorstellungskomplex Geisteskrankheit stützt sich überwiegend auf Phänomene wie Gehirnsyphilis oder deliröse Zustände – beispielsweise Vergiftungen –, bei denen Personen bestimmte Denk- und Verhaltensstörungen zeigen können. Korrekt gesprochen sind das aber Erkrankungen des Gehirns, nicht des Geistes. Einer Denkschule zufolge gehören *sämtliche* sogenannten Geisteskrankheiten zu diesem Typus. Dabei wird von der Annahme ausgegangen, daß man schließlich einen neurologischen Schaden finden werde, vielleicht einen ganz subtilen, der alle die Denk- und Verhaltensstörungen erklären würde. Viele heutige Ärzte, Psychiater und andere Wissenschaftler vertreten diese Ansicht, die letztlich besagt, daß die Schwierigkeiten der Menschen nicht durch widerstreitende persönliche Bedürfnisse, Meinungen, soziale Ansprüche, Werte und dergleichen mehr verursacht werden können. Diese Schwierigkeiten – ich meine, wir können sie einfach *Lebensprobleme* nennen – werden damit auf physikalisch-chemische Prozesse zurückgeführt, die die medizinische Forschung im Laufe der Zeit sicher entschleiern (und zweifellos korrigieren) werden. Also wären geistig-seelische Störungen im Grunde dasselbe wie andere Krankheiten. Nach dieser Anschauung besteht zwischen psychischer und physischer Krankheit überhaupt nur ein Unterschied: Erstere befällt das Gehirn und manifestiert sich in psychischen Symptomen, letztere befällt andere Organsysteme – zum Beispiel Haut, Leber usw. – und manifestiert sich in Symptomen, die jenen Körperteilen zuzuordnen sind.

Meines Erachtens fußt diese Ansicht auf zwei fundamentalen Irrtümern. Zunächst einmal ist ein Gehirnleiden analog einer Haut- oder Knochenerkrankung ein neurologischer Defekt, kein Lebensproblem. Beispielsweise könnte man einen *Defekt* im Sehfeld eines Menschen erklären, indem man ihn mit bestimmten Schäden im Nervensystem in

Wechselbeziehung bringt. Andererseits kann man den *Glauben* eines Menschen – sei's einer an das Christentum, den Kommunismus oder daran, daß seine inneren Organe zerfallen und sein Körper bereits tot ist – eben *nicht* mit einem Defekt oder einer Erkrankung des Nervensystems erklären. Exegesen derartiger Vorkommnisse müssen – vorausgesetzt, daß man sich für den Glauben selbst interessiert und ihn nicht einfach als ein Symptom oder einen Ausdruck von etwas anderem, Aufregenderem betrachtet – anderswo ansetzen.

Der zweite Irrtum ist epistemologischer Natur. Er besteht darin, Kommunikationen über uns selbst und die uns umgebende Welt als Symptome neurologischer Funktionsabläufe zu deuten. Es handelt sich also nicht um einen Irrtum in der Beobachtung oder Beweisführung, sondern in der Organisation und im Ausdruck von Wissen. Im vorliegenden Fall liegt der Irrtum darin, daß psychische und physische Symptome dualistisch aufgefaßt werden, ein Dualismus, der eine sprachliche Angewohnheit ist und nicht das Resultat bekannter Beobachtungen. Prüfen wir, ob das stimmt.

Wenn wir in der medizinischen Praxis von physischen Störungen sprechen, meinen wir entweder Zeichen, zum Beispiel Fieber, oder Symptome, zum Beispiel Schmerzen. Wir sprechen andererseits von mentalen Symptomen, wenn wir die Mitteilungen eines Patienten über sich selbst, über andere und über die ihn umgebende Welt meinen. Der Patient mag behaupten, er sei Napoleon oder er werde von den Kommunisten verfolgt. Geistig-seelische Symptome würde darin nur ein Beobachter sehen, der fest glaubt, daß der Patient nicht Napoleon ist und auch nicht von den Kommunisten verfolgt wird. Daran wird sichtbar, daß die Feststellung «X ist ein mentales Symptom» eine Bewertung einschließt und damit einen verdeckten Vergleich zwischen den Ideen, Vorstellungen oder Überzeugungen des Patienten und denen des Beobachters und der Gesellschaft, in der sie leben. Geistig-seelisches Symptom als Begriff ist daher unlösbar an den sozialen und zumal den ethischen Kontext gebunden, in dem es erscheint, genau wie der Gedanke des körperlichen Symptoms an einen anatomischen und genetischen Zusammenhang geknüpft ist[1].

Fassen wir zusammen. Für diejenigen, welche mentale Symptome als Anzeichen einer Gehirnkrankheit betrachten, ist das Geisteskrankheitskonzept überflüssig und irreführend. Wenn sie meinen, daß als geisteskrank bezeichnete Personen an einer Gehirnkrankheit leiden, wäre es um der Klarheit willen besser, eben das und nichts anderes zu sagen.

III

Der Begriff Geisteskrankheit wird auch ausgiebig dazu benutzt, etwas zu beschreiben, was sich von einer Gehirnerkrankung erheblich unterscheidet. Heute gilt es vielen Menschen als Binsenweisheit, daß das Leben eine aufreibende Sache ist. Seine Härten, sein Ungemach ergeben sich für den modernen Menschen aber weniger aus dem Kampf ums biologische Überleben als vielmehr aus den Streß- und Belastungserfahrungen im sozialen Miteinander vielschichtiger menschlicher Persönlichkeiten. In diesem Zusammenhang wird mit dem Begriff Geisteskrankheit ein Zug der sogenannten Persönlichkeit eines Individuums identifiziert oder beschrieben und demgemäß in der Geisteskrankheit, sozusagen einer Mißbildung der Persönlichkeit, die Ursache menschlicher Disharmonie gesehen. Diese Auffassung setzt stillschweigend voraus, daß der soziale Verkehr zwischen Menschen als etwas inhärent Harmonisches zu begreifen sei, dessen Störung ausschließlich auf das Auftreten von «Geisteskrankheit» bei vielen Menschen zurückgeht. Aber diese Logik ist eindeutig falsch; denn sie macht die Abstraktion «Geisteskrankheit» zu einer Ursache bestimmter menschlicher Verhaltensformen, für die sie ursprünglich nur als Kurzbegriff hatte dienen sollen. Also müssen wir jetzt fragen: Wer betrachtet welche Arten von Verhalten als Anzeichen für Geisteskrankheit?

Der Begriff Krankheit, ob körperliche oder geistige, meint eine Abweichung von einer klar definierten Norm. Im Falle einer physischen Krankheit setzt die strukturelle und funktionelle Unversehrtheit des menschlichen Körpers die Norm. Wiewohl der Wunsch nach körperlicher Gesundheit an sich ein ethischer Wert ist, können wir in anatomischen und physiologischen Begriffen aussagen, was Gesundheit ist. Worin besteht die Norm, von der abzuweichen als Geisteskrankheit gilt? Diese Frage läßt sich nicht leicht beantworten. Doch was immer die Norm sein mag, eines ist sicher: Sie muß in den Begriffen psychosozialer, ethischer und rechtlicher Konzeptionen ausgedrückt werden. Ein Beispiel. Begriffe wie «exzessive Repression» und «Ausleben eines unbewußten Impulses» zeigen, wie mit psychologischen Konzepten ein Urteil über die sogenannte Geisteskrankheit oder Geistesgesundheit gefällt wird. Der Gedanke, daß chronische Feindseligkeit oder Rachsucht oder eine Scheidung auf Geisteskrankheit hinweisen, macht deutlich, wie hier ethische Normen (nämlich die Erwünschtheit von Liebe, Freundlichkeit und stabiler Ehe) benutzt werden. Und letztlich illustriert die weitverbreitete psychiatrische Auffassung, nur ein Geistesgestörter würde einen Mord verüben, wie ein Rechtsbegriff zu einer Norm der geistig-seelischen Gesundheit gerinnt. Kurzum, wenn man von Geisteskrankheit spricht, ist die Norm, an der die Abweichung gemessen wird, ein *psychosozialer und ethischer* Richtwert. Und dennoch sucht man dem mit *medizinischen* Mitteln beizukommen – wobei man hofft und annimmt, daß diese von großen ethischen Wertunterschieden frei seien. Daraus erwächst der ernste Konflikt zwischen der Definition der Störung und den Begriffen, in denen Abhilfe gesucht wird. Die praktische Bedeutung dieses verdeckten Konflikts zwischen der angeblichen Natur des

Schadens und dem tatsächlichen Heilmittel läßt sich kaum überbewerten.

Nachdem wir die Normen zur Messung von Abweichungen bei Geisteskrankheit identifiziert haben, wenden wir uns der Frage zu, wer die Normen und damit die Abweichung definiert. Ich biete zwei grundsätzliche Antworten an. Erstens könnte die Person, das heißt der Patient, selbst zu dem Schluß kommen, daß sie (er) von einer Norm abweiche. Zum Beispiel könnte ein Künstler gegen eine vermeintliche Arbeitshemmung (Schaffensunlust) etwas unternehmen wollen und *von sich aus* bei einem Psychotherapeuten Rat suchen. Zweitens könnten andere – zum Beispiel Verwandte, Ärzte, Rechtsinstanzen, die Allgemeinheit – befinden, daß der «Patient» vom Normalmaß abweicht, und andere als er könnten dann einen Psychiater beauftragen, mit ihm als «Patienten» etwas zu tun, um die Abweichung zu korrigieren.

Diese Überlegungen unterstreichen die Bedeutung der Frage: In wessen Auftrag handelt der Psychiater? und die Notwendigkeit, sie klar und offen zu beantworten. Der Psychiater (oder der nichtmedizinische Psychohygienewerker) kann der Beauftragte des Patienten, der Angehörigen, der Schule, des Militärs, einer Geschäftsorganisation, eines Gerichtshofes usw. sein. Wenn vom Psychiater als dem Beauftragten dieser Personen oder Organisationen die Rede ist, wird nicht vorausgesetzt, daß seine moralischen Wertbegriffe oder Ideen oder Vorstellungen von den geeigneten Heilmaßnahmen sich genau mit denen seines Auftraggebers decken müssen. So kann zum Beispiel ein Patient in der Individualpsychotherapie seine Rettung in einer neuen Heirat erblicken, aber dieser Hypothese muß sein Psychotherapeut keineswegs beipflichten. Als Beauftragter des Patienten allerdings soll er weder mit sozialen noch mit rechtlichen Druckmitteln versuchen, den Patienten an der Verwirklichung seiner Absichten zu hindern. Wenn er einen Vertrag mit dem Patienten geschlossen hat, mag der

Psychiater (Psychotherapeut) anderer Meinung sein als der Patient oder die Behandlung abbrechen, aber er darf keinen anderen hinzuziehen oder beauftragen, die Aspirationen seines Patienten zu durchkreuzen[2]. Nicht minder gilt: Wenn ein Psychiater vor einem Gericht zur Begutachtung der Geistesgesundheit eines Missetäters verpflichtet wird, braucht er die Wertbegriffe und Absichten der Rechtsinstanzen bezüglich des Verbrechers nicht zu teilen und auch nicht für die Mittel zu sein, deren Anwendung man in seinem Falle für angemessen hält – aber ein solcher Psychiater kann nicht dem Angeklagten geistige Gesundheit bescheinigen und zugleich die Gesetzgeber für geisteskrank erklären, weil sie eine Bestimmung geschaffen haben, die des Straffälligen Handlung als Missetat definiert[3]. Denkbar wäre eine solche Stellungnahme natürlich, nur eben nicht in einem Gerichtssaal und nicht aus dem Munde eines Psychiaters, der dort anwesend ist, um dem Gericht sein Tagespensum bewältigen zu helfen.

Ich wiederhole: In der gegenwärtigen sozialen Praxis fußt der Befund der Geisteskrankheit auf der Feststellung, daß der Betreffende in seinem Verhalten von bestimmten psychosozialen, ethischen oder rechtlichen Normen abweicht. Das Urteil kann hier wie in der Medizin vom Patienten, vom Arzt (Psychiater) oder von anderen abgegeben werden. Heilmaßnahmen schließlich werden meist in einem therapeutischen – oder verdeckt medizinischen – Rahmen angestrebt. So entsteht eine Situation, in der behauptet wird, daß sich Abweichungen von psychosozialen, ethischen und rechtlichen Normen durch medizinische Verrichtungen korrigieren ließen. Da medizinische Eingriffe nur zur Lösung medizinischer Probleme gedacht sind, ist es eine logisch absurde Hoffnung, sie könnten Probleme lösen helfen, deren Vorhandensein auf einer nichtmedizinischen Grundlage definiert und ermittelt wurde.

IV

Alles, was Menschen *tun,* steht im Gegensatz zu dem, was
ihnen *widerfährt*[4], in einem Wertkontext. Daher enträt
kein menschliches Tun moralischer Implikationen. Wenn
die Wertbasis bestimmter Handlungen breite Zustimmung
hat, verlieren diejenigen, die sich ihr verpflichtet fühlen, sie
oft völlig aus dem Blick. Die Medizin umfaßt als reine Wissenschaft (Beispiel: Forschung) wie auch als angewandte
Wissenschaft (Beispiel: Therapie) viele ethische Erwägungen und Urteile, nur werden diese unseligerweise oft ge-
leugnet, unterschätzt oder vernebelt; denn als Ideal streben
die medizinische Profession und die Menschen, denen sie
dient, ein offensichtlich wertfreies medizinisches Versor-
gungssystem an. Diese sentimentale Auffassung drückt sich
unter anderem in der Bereitschaft des Arztes aus, Patienten
ohne Rücksicht auf ihre religiösen oder politischen Anschauungen zu behandeln. Aber mit solchen Behauptungen
wird nur verschleiert, was für ein riesiges Spektrum
menschlicher Angelegenheiten in den Bereich der ethischen
Überlegungen gehört. Daß die medizinische Praxis in einigen spezifisch moralischen Wertfragen (wie Rasse oder Ge-
schlecht) neutral bleibt, muß nicht bedeuten und bedeutet
auch tatsächlich nicht, daß sie es in anderen (wie Schwan-
gerschaftskontrolle oder Regelung des geschlechtlichen
Umgangs) ebenfalls sein kann. Somit werfen Geburtenregelung, Abtreibung, Homosexualität, Suizid und Euthanasie
weiterhin gravierende Probleme der medizinischen Ethik
auf.

Die Psychiatrie ist mit ethischen Problemen viel enger ver-
schwistert als die Medizin im allgemeinen. Unter «Psychiatrie» verstehe ich hier die heutige Disziplin, die sich mit
Lebensproblemen und nicht mit den zur Neurologie gehö-
renden Gehirnerkrankungen befaßt. Schwierigkeiten in den
menschlichen Beziehungen können nur in einzelnen sozialen und ethischen Kontexten zergliedert, gedeutet und sinn-

voll gewertet werden. Dementsprechend beeinflussen die sozialethischen Orientierungen des Psychiaters sein Urteil bezüglich dessen, was mit dem Patienten nicht stimme, was des Kommentars oder der Interpretation bedürfe, in welchen Richtungen eine Änderung wünschenswert sei, und dergleichen mehr. Selbst in der Schulmedizin spielen diese Faktoren eine Rolle, was sich an den religiös bestimmten Auffassungsunterschieden bei Ärzten in Fragen wie Geburtenregelung und Therapeutischer Abort veranschaulichen läßt. Kann wirklich jemand glauben, daß die Vorstellungen eines Psychiaters von religiösen, politischen und ähnlichen Dingen in seiner praktischen Arbeit *keine* Rolle spielten? Und wenn sie es tun, erhebt sich die Frage, was daraus folgt. Wäre es nicht eine ganz vernünftige Lösung, verschiedene psychiatrische Therapien zu haben, deren jede für die von ihr verkörperte ethische Position zuständig und anerkannt ist, also beispielsweise für Katholiken und Juden, Gläubige und Atheisten, Demokraten und Kommunisten, Chauvinisten der weißen Hautfarbe und Neger usw.? In der Tat, wenn wir uns einmal anschauen, wie heute zumal in den Vereinigten Staaten Psychiatrie betrieben wird, stellen wir fest, daß die von den Menschen gewünschten und ihnen verabfolgten psychiatrischen Eingriffe sich mehr nach ihrem sozioökonomischen Status und ihren Moralanschauungen als nach der «Geisteskrankheit» richten, an der sic vorgeblich leiden[5].

Diese Tatsache ist im Grunde nicht überraschender als die, daß praktizierende Katholiken selten Abtreibungskliniken frequentieren und Anhänger der Christlichen Wissenschaft (Christian Science) kaum zum Psychoanalytiker gehen.

V

Die oben umrissene Position, nach der Psychotherapeuten heute es mit Lebensproblemen zu tun haben, nicht mit Geisteskrankheiten und deren Heilung, befindet sich in scharfem Gegensatz zu der gegenwärtig herrschenden Auffassung, der Psychiater behandle Geisteskrankheiten, die genauso «real» und «objektiv» vorhanden sind wie körperliche Leiden. Nun haben aber die Vertreter der letztgenannten Anschauung, wie ich meine, keinerlei Beweise für die Richtigkeit ihrer Behauptung, die im Grunde eine Art von psychiatrischer Propaganda ist. Sie wollen in der Volksmeinung ein für allemal die Überzeugung verankern, daß Geisteskrankheit eine Leidensganzheit ähnlich einer Infektion oder Malignität sei. Wenn das stimmte, könnte man eine Geisteskrankheit «erwischen» oder «bekommen», sie haben oder beherbergen, sie auf andere übertragen und sie schließlich loswerden. Für diesen Gedanken spricht nun nicht der Schimmer eines Augenscheins – im Gegenteil: Alle Indizien deuten in die entgegengesetzte Richtung und stützen die Auffassung, daß das, was heute volkstümlich Geisteskrankheiten heißt, in den meisten Fällen Kommunikationen sind, die unannehmbare Gedanken – oft im Gewande einer ungewöhnlichen Sprache – ausdrücken.

Wir können hier nicht die Ähnlichkeiten und Unterschiede zwischen körperlichen und geistig-seelischen Krankheiten erörtern und wollen es mit dem nachdrücklichen Hinweis bewenden lassen, daß der Begriff «Körperliche Krankheit» physikalisch-chemische Erscheinungen meint, für die es ohne Belang ist, ob sie an die Öffentlichkeit gezogen werden oder nicht, wohingegen der Begriff «Geisteskrankheit» soziopsychologische Ereignisse bezeichnet, auf die sich Publizität in einem ganz entscheidenden Maße auswirkt. So erklärt sich, daß der Psychiater einen Trennungsstrich zwischen sich und der von ihm beobachteten Person nicht ziehen kann und auch nicht zieht, während der Pathologe es kann und oft tut. Der Psychiater ist einem Bilde dessen verpflichtet, was er für Realität hält, sowie dem Begriff, den die Gesellschaft nach seiner Ansicht von der Realität hat, und er beobachtet und beurteilt das Verhalten des Patienten im Lichte dieser Anschauungen. Schon der Begriff «Psychisches Symptom» oder «Geisteskrankheit» schließt daher einen uneingestandenen Vergleich ein und oft einen verdeckten Konflikt zwischen Beobachter und Beobachtetem, zwischen Psychiater und Patienten. So offenkundig diese Tatsache ist, so sehr bedarf sie neuerlicher Beachtung, wenn man wie ich der herrschenden Neigung, die moralischen Aspekte der Psychiatrie zu leugnen und durch angeblich wertfreie medizinische Konzeptionen und Eingriffe zu ersetzen, entgegenwirken will.

Weithin wird also Psychotherapie betrieben, als ob sie nur eines zur Folge hätte, nämlich die Genesung des Patienten von seiner Geisteskrankheit, das heißt die Wiederherstellung seiner geistig-seelischen Gesundheit. Man sieht zwar allgemein, daß Geisteskrankheit etwas mit den sozialen oder interpersonellen Beziehungen des Menschen zu tun hat, behauptet aber paradoxerweise zugleich, daß Wert-(also Moral-) Probleme in diesem Prozeß nicht auftauchen. Freud selbst ging so weit, zu behaupten: «Ich betrachte das Moralische als etwas Selbstverständliches ... Ich habe eigentlich nie etwas Gemeines getan.»[6] Das ist eine fürwahr erstaunliche Aussage zumal eines Mannes, der den Menschen als soziales Wesen so gründlich studiert hatte wie Freud. Ich will an ihr aufzeigen, wie der Begriff der «Krankheit» – in der Psychoanalyse «Psychopathologie» oder «Geisteskrankheit» von Freud und den meisten seiner Anhänger benutzt wurde, um bestimmte Verhaltensformen des Menschen als Gegenstand der Medizin einzustufen und sie damit per Machtspruch aus dem Bereich der Ethik herauszulösen. Nichtsdestoweniger bleibt es eine Tatsache, daß sich ein grosser Teil der Psychotherapie in einem gewissen Sinne um nichts anderes dreht als um das Erläutern und Abwägen von Zielen und Werten (von denen viele einander widersprechen können) sowie der Mittel, mit denen sie sich am besten harmonisieren, verwirklichen oder ausschalten lassen.

Da das Spektrum der menschlichen Werte und der zu ihrer Realisierung verfügbaren Methoden so unerhört breit ist, und da viele solcher Ziele und Mittel einfach nicht zugegeben werden, sind Wertkonflikte die hauptsächliche Konfliktquelle der menschlichen Beziehungen. In der Tat bekräftigen wir nur das Offenkundige, wenn wir sagen, daß menschliche Beziehungen aller Ebenen – von der Mutter zum Kind über Gatte und Gattin bis zu Nation und Nation – mit Streß, Spannung und Disharmonie belastet sind. Doch was auf der Hand liegt, braucht deswegen noch nicht gut verstanden worden zu sein. Und das trifft meines Erachtens hier zu. Denn wie mir scheint, haben wir in unseren wissenschaftlichen Verhaltenstheorien versäumt, die einfache Tatsache zu akzeptieren, daß menschliche Beziehungen der inneren Natur nach mit Schwierigkeiten befrachtet sind und daß es viel Geduld und harte Arbeit erfordert, sie auch nur verhältnismäßig harmonisch zu gestalten. Nach meiner Überzeugung wird mit dem Gedanken der Geisteskrankheit heute die Vernebelung gewisser Schwierigkeiten betrieben, die gegenwärtig im sozialen Miteinander von Menschen wurzeln mögen, aber dabei nicht unveränderlich sein müssen. Wenn das zutrifft, dient das Konzept als Tarnung, als Maske. Statt die Aufmerksamkeit auf einander widersprechende menschliche Bedürfnisse, Ansprüche und Werte zu lenken, liefert das Konzept der Geisteskrankheit als Erklärung für Lebensprobleme ein amoralisches, unpersönliches Etwas – eine «Krankheit». Erinnern wir uns in diesem Zusammenhang daran, daß man vor noch gar nicht allzulanger Zeit Teufeln und Hexen die Schuld an Lebensproblemen der Menschen zuschob. Der Glaube an die Geisteskrankheit als nicht identisch mit den Schwierigkeiten des Menschen beim Zusammenraufen mit seinen Mitmenschen ist der rechte Erbe des Dämonen- und Hexenglaubens. Geisteskrankheit ist «real» oder existiert mithin in genau dem Sinne, in dem Hexen existierten oder «real» waren.

Mit meiner Behauptung, daß Geisteskrankheiten nicht existieren, impliziere oder meine ich freilich nicht, daß auch die sozialen und psychologischen Vorkommnisse, die mit diesem Etikett versehen werden, nicht existierten. Wie die persönlichen und sozialen Schwierigkeiten der Menschen des Mittelalters, sind die heutigen menschlichen Probleme nur allzu wirklich. Mir geht es hier indessen um die Etiketts, die wir ihnen anheften, und um die Frage, was wir nach erfolgter Etikettierung mit ihnen anfangen. Aus der dämonologischen Sicht der Lebensprobleme erwuchs Therapie nach theologischen Richtlinien. Heute bedeutet – nein, erfordert – der Glaube an die Geisteskrankheit Therapie nach medizinischen oder psychotherapeutischen Richtlinien.

Ich will hier weder eine neue Auffassung von «psychiatrischer Krankheit» noch eine neue Form der «Therapie» anregen. Mein Ziel ist bescheidener und zugleich ehrgeiziger, nämlich der Vorschlag, die heute als Geisteskrankheiten bezeichneten Phänomene einer neuerlichen Betrachtung zu unterziehen, sie – noch einfacher – aus der Kategorie Krankheiten herauszunehmen und als Ausdrucksformen des Ringens des Menschen mit dem Problem, wie er leben sollte, zu sehen. Dieses Problem ist offenkundig ein ungeheures und spiegelt in seinem Umfang nicht nur die Unfähigkeit des Menschen, mit seiner Umwelt zurechtzukommen, sondern darüberhinaus auch seine zunehmende Neigung zur Nabelschau.

Mit Lebensproblemen meine ich also jene explosive Kettenreaktion, die mit dem Sündenfall des Menschen begann, als er die Frucht vom Baume der Erkenntnis aß. Die Selbst- und Umwelterkenntnis des Menschen scheint sich ständig zu erweitern und zieht eine immer größer werdende Last des Verstehens nach sich[7]. Diese Last ist zu erwarten und sollte nicht falsch gedeutet werden. Wir können sie uns nur durch ein einziges rationales Mittel erleichtern – durch mehr Verständnis und durch angemessenes Handeln auf der Grundlage solchen Verständnisses. Die hauptsächliche Alternative besteht darin, so zu handeln, als sei die Bürde nicht das, was wir de facto in ihr sehen, und uns in eine überlebte theologische Sicht des Menschen zu flüchten. In einer solchen Sicht gestaltet der Mensch sein Leben und große Teile seiner Umwelt nicht, sondern lebt in einer von höheren Wesen geschaffenen Welt nur sein Geschick aus. Die logische Folge davon könnte sein, daß angesichts anscheinend unermeßlicher Probleme und unüberwindlicher Schwierigkeiten einfach Nichtverantwortlichkeit vorgeschützt wird. Doch wenn der Mensch für seine Handlungen nicht individuell wie auch kollektiv mit einem wachsenden Maß an Verantwortung einsteht, dann wird es unwahrscheinlich, daß irgendeine höhere Macht oder ein höheres Wesen diese Aufgabe übernehmen, diese Last für ihn tragen werde. Darüberhinaus scheint es gerade in der gegenwärtigen Phase der menschlichen Geschichte nicht sonderlich angebracht, die Frage der Verantwortlichkeit des Menschen für seine Handlungen zu verschleiern, indem man sie unter dem Rocksaum einer alles erklärenden Vorstellung von der Geisteskrankheit verbirgt.

VII

Ich habe zu zeigen versucht, daß der Begriff Geisteskrankheit den Nutzen, den er früher einmal gehabt haben mag, überlebt hat und jetzt als ein Mythos fungiert. Als solcher ist er der rechtmäßige Nachfolger religiöser Mythen allgemein und des Hexenglaubens im besonderen. Diese Glaubenssysteme sollten als Beruhigungsmittel wirken und die Hoffnung nähren, daß durch symbolisch-magische Ersatzhandlungen bestimmte Probleme gemeistert werden können. Somit erfüllt das Konzept der Geisteskrankheit in der

Hauptsache den Zweck, die alltägliche Tatsache zu vernebeln, daß das Leben für die meisten Menschen ein fortgesetzter Kampf nicht um das biologische Fortbestehen, sondern um einen «Platz an der Sonne», um «Seelenfrieden» oder irgendwelche andere Werte ist. Wenn das Bedürfnis nach der Erhaltung des Körpers (und vielleicht der Rasse) befriedigt ist, erhebt sich für den Menschen die Frage nach der persönlichen Orientierung: Was soll er mit sich beginnen? Wofür leben? Das Festhalten am Mythos der Geisteskrankheit erlaubt es Menschen, sich diesem Problem nicht zu stellen – und dies in dem Glauben, daß geistige Gesundheit, aufgefaßt als Nichtvorhandensein von Geisteskrankheit, automatisch die richtigen und sicheren Entscheidungen in der Lebensführung gewährleiste. Dabei besagen die Tatsachen genau das Gegenteil. Klug sich entscheiden im Leben, das erscheint den Menschen rückblickend als ein Beweis für gute geistige Gesundheit!

Wenn ich Geisteskrankheit als einen Mythos bezeichne, sage ich damit nicht, daß es Mangel an persönlichem Glück und sozial abweichendes Verhalten nicht gäbe, sondern lediglich, daß wir sie auf unser eigenes Risiko als Krankheiten einstufen. Der Ausdruck «Geisteskrankheit» ist eine Metapher, die wir mittlerweile fälschlich für eine Tatsache halten. Wir nennen Menschen körperlich krank, wenn etwas in ihren Körperfunktionen bestimmte anatomische und physiologische Normen verletzt; ebenso nennen wir Menschen geisteskrank, wenn ihr persönliches Verhalten gegen bestimmte ethische, politische und soziale Normen verstößt. Dies erklärt, warum bei so vielen geschichtlichen Figuren von Jesus bis Fidel Castro, von Hiob bis Hitler dieses oder jenes psychiatrische Leiden diagnostiziert worden ist.

Und letztlich ermutigt uns der Mythos der Geisteskrankheit zum Glauben an seine logische Folge, das heißt daran, daß der soziale Umgang der Menschen miteinander harmonisch, befriedigend und die zuverlässige Grundlage eines guten Lebens wäre, wenn es nicht die störenden Einflüsse der Geisteskrankheit oder Psychopathologie gäbe. Nun ist aber das universelle Menschenglück zumindest in dieser Form nur ein weiteres Beispiel für reines Wunschdenken. Ich glaube, daß menschliche Glückseligkeit – menschliches Wohlbefinden – möglich ist, und zwar nicht nur für ein paar Auserwählte, sondern in einem bislang unvorstellbaren Umfang. Das läßt sich aber nur erreichen, wenn viele Menschen, nicht nur einige wenige, bereit und fähig sind, ihre ethischen, persönlichen und sozialen Konflikte ins Auge zu fassen und tapfer anzupacken. Dies verlangt den Mut und die Integrität zum Verzicht auf Kämpfe an falschen Fronten und auf das Suchen nach Lösungen für Ersatzprobleme – zum Beispiel darauf, sich mit seiner Magenübersäuerung und chronischen Müdigkeit herumzuschlagen, statt sich einem Ehekonflikt zu stellen.

Unsere Widersacher sind keine Dämonen, keine Hexen, Schicksalsmächte oder Geisteskrankheiten. Wir haben keinen Feind, den wir bekämpfen, exorzieren oder mit einer «Kur» verjagen könnten. Was wir haben, sind Lebensprobleme, seien sie biologischer, wirtschaftlicher, politischer oder sozialpsychologischer Art. Ich habe mich in diesem Essay nur mit Problemen der zuletzt genannten Kategorie und innerhalb dieser Gruppe hauptsächlich mit denen beschäftigt, die für moralische Wertbegriffe von Belang sind. Das Feld, dem sich die moderne Psychiatrie widmet, ist weit, und ich erhebe keinen Anspruch, es ganz erfaßt zu haben. Mein Argument beschränkte sich auf die Behauptung, daß Geisteskrankheit ein Mythos ist, der die bittere Pille moralischer Konflikte in den menschlichen Beziehungen umkleiden und uns dadurch versüßen soll.

2. Die Ethik der Psychohygiene

Beginnen wir mit einigen Definitionen. In *Webster's Third New International Dictionary* (ungekürzt) ist Ethik «die Disziplin, die sich mit dem befaßt, was gut und schlecht oder richtig und falsch ist, oder mit moralischer Pflicht und Schuldigkeit . . .». Sie ist auch «eine Gruppe von Moralgrundsätzen oder ein Wertkomplex . . .» sowie «Verhaltensprinzipien, die den einzelnen oder eine Berufsgruppe leiten; Verhaltensnormen . . .».

Damit ist Ethik eine entschieden menschliche Angelegenheit. Es gibt ethische «Verhaltensprinzipien», nach denen sich Individuen und Gruppen richten, aber in dem Sinne keine für Tiere, Maschinen oder Sterne. *Ethisches Verhalten* kennt nur der Mensch, nicht das Tier, und Maschinen wiederum *funktionieren,* und Sterne *bewegen sich.*

Dürfen wir dann nicht sagen, daß jedes menschliche Verhalten, das einer getroffenen oder potentiellen Entscheidung und nicht nur einem Reflex entspringt, ipso facto moralisches Verhalten ist? In allen solchen Verhaltensfragen spielen Überlegungen wie gut und böse, richtig und falsch eine Rolle. Logisch gedacht, gehört ihr Studium in den Bereich der Ethik. Der Ethiker ist der Verhaltenskundler schlechthin.

Wenn wir Definition und Praxis der Psychiatrie untersuchen, stellen wir allerdings fest, daß sie in vieler Hinsicht eine verdeckte Neubestimmung des Wesens und des Bereichs der Ethik ist. Nach dem Webster ist die Psychiatrie «ein Zweig der Medizin, der sich mit der Wissenschaft und Praxis der Behandlung speziell der aus endogenen Ursachen entstehenden oder aus mangelhaften interpersonellen Beziehungen resultierenden Geistes-, Gefühls- oder Verhaltensstörungen befasst». Des weiteren ist sie «eine Abhandlung oder ein Text über eine Theorie der Ätiologie, Erkenntnis, Behandlung oder Verhütung von Geistes-, Gefühls- oder Verhaltensstörungen oder die Anwendung psychiatrischer Grundsätze auf jeden Tätigkeitsbereich des Menschen (Sozialpsychiatrie)». Drittens ist sie «die psychiatrische Versorgung in einem allgemeinen Krankenhaus (Mit diesem Patienten sollte sich die Psychiatrie befassen)».

Angeblich besteht das Ziel der Psychiatrie im Studium und in der Behandlung geistig-seelischer Störungen. Aber was sind geistig-seelische Störungen? An die Existenz einer «Geisteskrankheiten» genannten Klasse von Phänomenen zu glauben, statt die Bedingungen zu ergründen, unter denen manche Menschen andere als «geisteskrank» abstempeln können, ist der entscheidende Schritt zur bereitwilligen Übernahme der Psychohygieneethik[1].

Wenn wir die Lexikon-Definition dieser Disziplin ernst nehmen, hat sich das Studium weiter Bereiche des menschlichen Verhaltens fast unmerklich von der Ethik auf die Psychiatrie verlagert. Denn während sich der Ethiker vermeintlich nur mit normalem (moralischem) Verhalten und der Psychiater nur mit abnormem (emotional gestörtem) Verhalten beschäftigt, ruht die Unterscheidung zwischen den beiden auf ethischem Fundament. Anders formuliert: Mit der Behauptung, jemand sei geisteskrank, wird über den Betreffenden zugleich ein moralisches Urteil gefällt. Darüberhinaus machen die sozialen Folgen eines solchen Urteils den «geisteskranken Patienten» und diejenigen, die ihn als einen solchen behandeln, zu Akteuren einer Art spätmittelalterlicher, wenngleich in einem medizinisch-psychiatrischen Jargon aufgeführter Moralität.

Nachdem der Psychiater geistesgestörtes Verhalten aus dem Fachbereich des Ethikers herausgelöst hatte, mußte er seine Neueinteilung rechtfertigen. Das tat er, indem er die Beschaffenheit oder das Wesen des von ihm untersuchten

Verhaltens umdefinierte: Während sich der Ethiker mit moralischem Verhalten befaßt, widmet sich der Psychiater dem biologischen oder mechanischen Verhalten. Nach dem Webster ist das Anliegen des Psychiaters das aus endogenen Ursachen entstehende oder aus mangelhaften interpersonellen Beziehungen resultierende Verhalten. Wir sollten unser Augenmerk hier vor allem auf die Begriffe «Ursachen» und «resultieren» richten. Mit diesen Worten wird der Übergang von der Ethik zur Physiologie und von dort zur Medizin und Psychiatrie in Sicherheit vollzogen.

Sinn hat Ethik nur in einem Kontext über sich selbst bestimmender Individuen oder Gruppen, die ihre Entscheidungen mehr oder weniger frei und ohne Zwang treffen. Von Verhalten, das aus solchen Entscheidungen resultiert, sagt man, daß es Gründe und Sinngehalte hat, aber keine Ursachen. Das ist die wohlbekannte Polarität zwischen Determinismus und Voluntarismus, Kausalität und freiem Willen, Naturwissenschaft und Morallehre.

Mit einer Psychiatriedefinition wie der oben beschriebenen wird nicht nur eine Neuaufteilung von Universitätslehrfächern in die Wege geleitet, sondern auch einer bestimmten Auffassung vom Wesen einiger menschlicher Verhaltensformen und vom Menschen allgemein Vorschub geleistet.

Indem man menschliches Verhalten «endogenen Ursachen» zuschreibt, ordnet man es als Geschehnis, nicht als ein Handeln ein. Diabetes mellitus ist eine Krankheit, hervorgerufen von einem endogenen Mangel an Enzymen zum Umsatz von Kohlehydraten. In diesem Bezugsrahmen muß die endogene Ursache einer Depression entweder ein Fehler im Stoffwechsel (das heißt, ein vorgängiges chemisches Ereignis) oder ein Defekt in den «interpersonellen Beziehungen» (das heißt, ein antezedentes historisches Ereignis) sein. Zukünftige Ereignisse oder Erwartungen werden als mögliche «Ursachen» einer gedrückten Stimmung ausgeschlossen. Aber ist das vernünftig? Denken wir an den Millionär, der sich durch geschäftliche Rückschläge finanziell ruiniert sieht. Wie sollen wir seine «Depression» (wenn wir sein Gefühl der Mutlosigkeit so nennen wollen) erklären? Indem wir sie als Resultat der erwähnten Ereignisse und vielleicht noch anderer Ereignisse in seiner Kindheit betrachten? Oder als Ausdruck seiner Sicht des eigenen Ichs und dessen, was er jetzt und fortan in der Welt noch vermag? Sich für die erstgenannte Erklärung entscheiden heißt, ethisches Verhalten zu einer psychiatrischen Krankheit umzudefinieren.

Die Heilkünste, namentlich die Medizin, die Religion und die Psychiatrie, wirken innerhalb, nicht außerhalb der Gesellschaft und sind tatsächlich ein wichtiger Teil von ihr. Daher kann es nicht überraschen, daß diese Institutionen die moralischen Hauptwerte der Gemeinschaft widerspiegeln und propagieren. Zudem wurde früher und wird noch heute die eine oder andere dieser Einrichtungen dazu benutzt, bestimmte Werte zu vertreten und andere abzulehnen, um dadurch die Gesellschaft zu formen. Welche Rolle spielt nun die Psychiatrie beim Ausbau eines verdeckten Ethiksystems in der gegenwärtigen amerikanischen Gesellschaft? Welche moralischen Werte befürwortet sie und drängt sie der Gesellschaft auf? Ich werde darauf zu antworten versuchen, indem ich einige repräsentative psychiatrische Werke auf ihren Standpunkt hin prüfe und das Wesen der Psychohygieneethik darlege. Und ich gedenke aufzuzeigen, daß in diesem Dialog zwischen den beiden großen Ideologien unserer Tage, dem Individualismus und dem Kollektivismus, die Psychohygieneethik sich eindeutig auf die Seite des Kollektivismus schlägt.

II

Die Menschen ersehnen die Freiheit und fürchten sie. Karl R. Popper spricht von den «Feinden der offenen Gesellschaft»[2] und Erich Fromm von denen, die «die Freiheit fliehen»[3]. In ihrem Streben nach persönlicher Freiheit und Selbstbestimmung möchten die Menschen als Individuen für sich stehen, aber in ihrer Angst vor Einsamkeit und Verantwortung sich auch mit ihren Mitmenschen als Gruppenmitglieder zusammentun.

Theoretisch sind Individualismus und Kollektivismus antagonistische Prinzipien; denn ersterem gelten persönliche Autonomie und Freiheit des Einzelnen, letzterem Gruppensolidarität und kollektive Sicherheit als übergeordnete Werte. In der Praxis ist der Antagonismus nur ein teilweiser: Der Mensch muß beides sein, Individuum für sich allein, und mit seinen Mitmenschen Teil der Gruppe. Thoreau in Walden Pond und der Mann im grauen Flanell in seiner bürokratischen Organisation sind zwei Enden eines Spektrums: Die meisten Menschen suchen zwischen diesen beiden Extremen einen mittleren Kurs zu steuern. So können wir Individualismus und Kollektivismus als die beiden Ufer eines reißenden Flusses veranschaulichen, zwischen denen wir als moralische Menschen zu navigieren haben. Der Vorsichtige, der Ängstliche und vielleicht der «Weise» werden sich in der Mitte halten und sich wie der Pragmatiker in der Politik der «sozialen Wirklichkeit» anzupassen trachten, indem sie Individualismus wie Kollektivismus bejahen und verneinen.

Obwohl ein ethisches System, das den Individualismus schätzt, im allgemeinen einem kollektivistisch geprägten feindlich gegenübersteht und umgekehrt, ist hier doch ein wichtiger Unterschied zu beachten. In einer individualistischen Gesellschaft werden die Menschen nicht mit Gewalt an freiwilligen Zusammenschlüssen gehindert und auch nicht dafür bestraft, daß sie in Gruppen Unterwürfigenrollen spielen. Im Gegensatz dazu werden die Menschen in einer kollektivistischen Gesellschaft zu bestimmten organisierten Tätigkeiten gezwungen und für eine solitäre, unabhängige Lebensweise bestraft. Dieser Unterschied hat einen ganz simplen Grund. Als Sozialethik will der Individualis-

mus den Zwang abbauen und die Entwicklung einer plura-
listischen Gesellschaft fördern, wohingegen der Kollektivismus den Zwang als ein notwendiges Mittel zur Verwirklichung angestrebter Ziele betrachtet und die Entwicklung
einer singularistischen Gesellschaft fördert.

Für die kollektivistische Ethik mag uns die Sowjetunion als
Beispiel dienen. Nehmen wir den Fall des jüdischen Dichters Jossif Brodskij, der sich mit 24 Jahren in Leningrad
wegen «parasitischer Lebensweise» vor Gericht verantworten mußte. Die Anklage fußte auf «einem sowjetischen
Rechtsgedanken, der 1961 Gesetzeskraft erlangte und die
Verbannung von Stadtbewohnern in dem Falle gestattet,
daß sie ‹keine gesellschaftlich nützliche Arbeit› verrichten» [4].

Brodskij wurde zweimal gehört, zunächst am 18. Februar
und dann abermals am 13. März 1964. Das Transkript der
Verhandlung gelangte auf Schleichwegen aus der Sowjetunion heraus, und *The New Leader* veröffentlichte eine
englische Übersetzung [5]. Bei der ersten Anhörung erhob
man gegen den Dichter die vage Beschuldigung, er sei ein
Dichter und leiste keine «produktive» Arbeit mehr. Zum
Schluß ordnete der Richter eine «amtliche psychiatrische
Untersuchung» Brodskijs an, «in der festgestellt werden
wird, ob Brodskij an einer psychologischen Krankheit leidet oder nicht, und ob er auf Grund dieser Krankheit nicht
zur Zwangsarbeit an einen entfernten Ort geschickt werden
kann. In Anbetracht der Tatsache, daß Brodskij, wie aus
seiner Krankengeschichte hervorgeht, sich einer Hospitalisierung entzogen hat, wird hiermit angeordnet, daß die
Milizabteilung Nr. 18 den Auftrag erhält, ihn zur amt-
lichen psychiatrischen Untersuchung vorzuführen.» [6]

Dieser Standpunkt kennzeichnet die kollektivistische Ethik.
Er läßt sich aber auch von dem der zeitgenössischen amerikanischen Institutionalen Psychiatrie nicht unterscheiden.
In beiden Systemen wird eine Person, die keinem etwas zu-
leide getan hat, sondern als «abweichend von der Norm»

gilt, als geisteskrank definiert; sie muß sich einer psychiatrischen Untersuchung stellen, und weigert sie sich, so ist das gleich ein weiteres Zeichen ihrer abartigen Psyche[7].

Brodskij wurde für schuldig befunden und «zu fünf Jahren Zwangsarbeit an einen entlegenen Ort» geschickt[8]. Das Urteil war therapeutisch, indem es Brodskijs persönliches «Wohlergehen» zu fördern suchte, und diente zugleich der Bestrafung, indem es ihn für den der Allgemeinheit zugefügten Schaden büßen ließ. Auch dies ist eine klassische kollektivistische These: Was gut ist für die Gemeinschaft, ist gut für den einzelnen. Da dem Individuum außerhalb der Gruppe keine Existenz zugebilligt wird, ist diese Gleichsetzung des Einzelnen mit den Vielen nicht unlogisch.

Ein anderer russischer Schriftsteller, Valerij Tarsis, der in England ein Buch über die mißliche Lage der Schriftsteller und Intellektuellen unter dem Chruschtschow-Regime publiziert hatte, wurde in eine Moskauer Heilanstalt eingewiesen. Es sei daran erinnert, daß man mit dem amerikanischen Dichter Ezra Pound in gleicher Weise umsprang – man steckte ihn in eine Heilanstalt in Washington, D.C.[9]. Aus Tarsis' autobiographischem Roman *Ward 7* gewinnt man den Eindruck, daß die unfreiwillige Anstaltsunterbringung in der Sowjetunion oft als Mittel zur Unterdrückung sozialer Abweichungen angewandt wird[10].

Der Feind des Sowjetstaates, daran gibt es wohl kaum einen Zweifel, ist nicht der kapitalistische Unternehmer, sondern der allein und abseits stehende Arbeiter – nicht die Rockefeller sind's, sondern die Thoreaus. Der Religion des Kollektivismus gilt Individualismus als Ketzerei. Der Ausgestoßene par excellence ist derjenige, welcher kein Mitglied des Teams sein will.

Ich möchte nun zeigen, daß die gegenwärtige amerikanische Psychiatrie, beispielhaft verkörpert in der sogenannten «Community-Psychiatrie», hauptsächlich auf die Schaffung einer kollektivistischen Gesellschaft abzielt, und zwar mit allen Konsequenzen für Wirtschaftspolitik, persönliche Freiheit und soziale Konformität.

III

Wenn wir unter Community-Psychiatrie ein Psychohygienesystem verstehen, das von der Allgemeinheit mit öffentlichen Geldern, nicht vom einzelnen oder von Freiwilligengruppen aus Privatmitteln finanziert wird, dann ist diese kommunale Psychiatrie so alt wie die amerikanische Psychiatrie. (Auch in den meisten anderen Ländern begann die Psychiatrie als Gemeinschaftsunternehmen und hat diese Rolle nie abgelegt.)

So neu der Terminus Community-Psychiatrie ist – viele Psychiater geben unumwunden zu, daß er der Psychiatrie nur als ein weiteres Schlagwort in ihrem hartnäckigen Kampf um die Gunst der breiten Öffentlichkeit dient. Auf der vierten Jahresversammlung der Association of Medical Superintendents of Mental Hospitals lautete das Hauptthema Community-Psychiatrie («Was sie ist und was sie nicht ist»)[11].

«Was ist Community-Psychiatrie?» fragte der Direktor eines staatlichen Krankenhauses im amerikanischen Osten. «Diesen Sommer habe ich zwei europäische Kongresse besucht und weiß noch immer nicht, was der Begriff eigentlich bedeutet . . . Wenn die Leute darüber reden, ist nur selten klar, um was es geht . . .»[12]. Für einen Psychiater in einem US-Staat des Mittleren Westens bedeutet sie, daß «wir im Rahmen der bestehenden medizinischen und psychiatrischen Einrichtungen zusammenarbeiten»[13].

Diese Auffassung unterstützte ein Psychiater an einem staatlichen Krankenhaus im Osten der USA mit der Feststellung: «In Pennsylvanien versorgen die staatlichen Krankenhäuser jetzt schon ihre Standortkommunen . . . Community-Psychiatrie praktizieren sie bereits seit einiger

Zeit.»[14] Das ist der Weg des Fortschritts in der Psychiatrie. Besonders störte mich nun an diesem Bericht, daß viele Teilnehmer zwar nicht genau wußten, was Community-Psychiatrie ist oder sein mag, und doch alle ihre feste Entschlossenheit erklärten, dabei eine Hauptrolle spielen zu wollen. Sagte ein an einem staatlichen Krankenhaus des Mittleren Westens tätiger Psychiater: «Was Community-Psychiatrie auch ist und was immer aus ihr werden mag – besser, wir beteiligen uns daran. Wir müssen die Führung übernehmen, sonst sind wir bald vom Fenster weg. Wir sollten als kommunale Nervenkliniken fungieren. Wenn wir nur dasitzen und sagen, wir sind keine kommunalen Psychohygienezentren, werden uns sehr bald eine Menge Leute begreiflich machen, was wir zu tun haben.»[15] Dann rief der Präsident der Organisation der Medical Superintendents die Mitglieder auf, «eine führende Rolle zu übernehmen». Denn darin war man sich einig: «Wenn wir uns nicht beteiligen und keine tonangebende Rolle übernehmen, wird man uns ganz nach unten abschieben.»[16] Das sagte warnend ein Psychiater, der an einem staatlichen Krankenhaus im Mittelwesten arbeitete.

Wenn *das* Community-Psychiatrie ist, was bringt sie dann Neues? Warum wird sie so gepriesen und empfohlen, als handle es sich um einen nagelneuen Fortschritt der Medizin, der die «Behandlung» von «Geisteskranken» zu revolutionieren verspricht? Beantworten könnte man diese Fragen nur in einer historischen Untersuchung unseres Themas, auf die ich mich hier nicht einlassen möchte[17]. Uns genüge ein Blick auf jene Kräfte, die die Community-Psychiatrie als eine eigene Bewegung oder Fachrichtung ins Leben gerufen haben. Es handelt sich um zwei Arten von Kräften, nämlich um politische und um psychiatrische.

Die Sozialpolitik des modernen, einmischungsfreudigen Liberalismus, in diesem Lande Amerika von Franklin D. Roosevelt eingeführt, erhielt unter der Präsidentschaft John F. Kennedys nachhaltige Unterstützung. Kennedys Botschaft an den Kongreß betreffs Geisteskrankheit und geistige Zurückgebliebenheit vom 5. Februar 1963 spiegelt diesen Geist wider. Obwohl die Pflege hospitalisierter Geisteskranker traditionell eine Sache des Wohlfahrtsstaates gewesen ist und den Einrichtungen der verschiedenen einzelstaatlichen Psychohygienebehörden sowie der Veterans Administration oblag, befürwortete Kennedy ein noch breiter gespanntes Programm auf der Basis öffentlicher Mittel. Er sagte: «Ich schlage die Schaffung eines nationalen Psychohygiene-Programms vor, das dazu beitragen soll, der Pflege der Geisteskranken einen völlig neuen Akzent und Ansatz zu geben ... Regierungsbehörden aller Ebenen, ob Bundes-, einzelstaatliche oder Kommunalverwaltungen, Privatstiftungen und der einzelne Bürger müssen ihre Verantwortung in diesem Bereich erkennen.»[18]

Gerald Caplan, dessen Buch Robert Felix die «Bibel des Community-Psychohygienearbeiters» nannte, pries diese Botschaft als «die erste amtliche Verlautbarung zu diesem Thema von einem Regierungschef dieses oder eines anderen Landes»[19]. Von nun an, fuhr er fort, «haben Vorbeugung, Behandlung und Resozialisierung im Zusammenhang mit Geisteskranken und geistig Zurückgebliebenen eine öffentliche Aufgabe zu sein und nicht ein Privatproblem, an dem einzelne und deren Familien unter Beiziehung ihrer medizinischen Berater herumdoktern müssen».[20]

Ohne genau zu definieren, was Community-Psychiatrie ist oder was sie kann oder tun will, wird die Sache bloß deshalb für gut erklärt, weil sie ein Gemeinschaftsunternehmen unter Mitwirkung von Kommunen und Staat ist und nicht eine persönliche Leistung einzelner und freiwilliger Zusammenschlüsse von Individuen. Einerseits sagt man uns, die Durchsetzung der «Psychohygiene auf kommunaler Basis» sei ein so komplexes Problem, daß unbedingt der Staat eingreifen müsse, andererseits heißt es wieder, der einzelne Bürger sei für ihren Erfolg verantwortlich.

Die Community-Psychiatrie hat knapp das Reißbrettsta-

dium hinter sich, und ihr Wesen wie ihre Errungenschaften bestehen bislang in nichts als hochtrabenden Phrasen und utopischen Verheißungen. Klar ist vielleicht nur ihre Feindschaft gegen den Psychiater, der in der Privatpraxis den Einzelpatienten versorgt: Was er da tut, wird als ruchlos gebrandmarkt. Seine Rolle erinnert mehr als nur von fern an die Brodskijs, des schmarotzenden Dichters in Leningrad. Michael Gorman zum Beispiel zitiert beifällig Henry Brosins Reflexionen über die soziale Rolle des Psychiaters: «Fraglos sind wir alle von der Rolle der Psychiatrie ununterbrochen gefordert. Interessant ist die Überlegung, was wir in Zukunft wohl sein werden. Nicht die Klischees und Strohmänner der alten AMA-Privatunternehmer.»[21]
Ich habe die Ansichten einiger Apostel der Community-Psychiatrie wiedergegeben. Aber wie steht es um die Arbeit selbst? Ihr Hauptziel ist anscheinend, die Saat einer kollektivistischen Psychohygieneethik als eine Art weltlicher Religion auszustreuen. Belegen werde ich diese Auffassung mit Zitaten aus *Principles of Preventive Psychiatry*, Gerald Caplans wegweisendem Lehrbuch der Community-Psychiatrie.

Caplan beschreibt ein System bürokratisch verabfolgter Psychiatrie, in dem mehr und mehr Psychiater de facto immer weniger mit den sogenannten Patienten arbeiten. In erster Linie soll der Community-Psychiater ein «Psychohygieneberater» sein, was bedeutet, daß er mit Menschen redet, die mit anderen Menschen reden, bis schließlich einer mit einem redet oder Kontakt hat, der als tatsächlich oder potentiell «geisteskrank» gilt. Dieses Schema funktioniert genau nach dem Parkinsonschen Gesetz[22]: Der Fachmann oben an der Spitze der Pyramide ist so wichtig und so beschäftigt, daß er ein riesiges Heer von Untergebenen zu seiner Assistenz benötigt, und seine Untergebenen brauchen wieder ein riesiges Heer von Untergebenen zweiter Ordnung, und so fort. Für eine Gesellschaft, der als Folge von Automation und großem technologischem Fortschritt

Massenarbeitslosigkeit droht, müßte die Aussicht auf eine «vorbeugende» Psychohygieneindustrie mit der Bereitschaft und der Kapazität zur Aufnahme gewaltiger Mengen von Arbeitskräften politisch verlockend sein. Sie ist es. Und nun wollen wir uns einmal näher mit der tatsächlichen Arbeit der Community-Psychiater befassen.

Nach Caplan hat die Community-Psychiatrie hauptsächlich die Aufgabe, die «sozio-kulturelle Versorgung» der Menschen quantitativ und qualitativ zu verbessern. Worin diese Versorgung besteht, bleibt unklar. So wird beispielsweise der «Psychohygiene-Spezialist» als jemand beschrieben, der durch das Angebot «von Konsultationen an Gesetzgeber und Verwaltung und durch Zusammenarbeit mit anderen Bürgern» das Ziel anstrebt, «über eine Einflußnahme auf Regierungsbehörden die Änderung von Gesetzen und Vorschriften zu erreichen»[23]. Das ist für meine Begriffe die reinste Lobbyarbeit für die Psychohygiene-Bürokratie.

Der Community-Psychiater hilft auch «den Gesetzgebern und Wohlfahrtsbehörden bei der Verbesserung der moralischen Atmosphäre in Häusern und Wohnungen, wo (uneheliche) Kinder heranwachsen, und bei der Beeinflussung der ledigen Mütter zu dem Ende, daß sie heiraten und das Kind einen festen Vater bekommt»[24].

Caplan erwähnt zwar das kommunalpsychiatrische Interesse an den Ehescheidungsfolgen für die Kinder, verliert aber kein Wort über die Beratungsarbeit mit Frauen, die mit präzisen Scheidungs-, Abtreibungs- oder Geburtenregelungswünschen kommen. Ferner soll der Psychohygienefachmann «die Lebensumstände seiner Zielgruppe in der Bevölkerung» überprüfen und «dann jene beeinflussen, die diese Umstände schaffen helfen, damit ihre Gesetze, Bestimmungen und politischen Linien ... in der angemessenen Richtung modifiziert werden»[25]. Caplan betont, daß er beileibe keinem Psychiaterstaat das Wort reden wolle, da er wohl wisse, daß der Psychiater auf diese Weise zum Agenten oder Sprecher bestimmter politischer oder gesellschaftlicher Gruppen werden könne. Er erledigt das Problem mit der Erklärung, jeder Psychiater müsse das selbst entscheiden, und im übrigen sei sein Buch nicht für solche gedacht, die besonderen Interessengruppen zu dienen wünschten, sondern wende sich «an diejenigen, welche sich vor allem für die Verringerung seelischer Störungen in unseren Kommunen einsetzen»[26]. Aber er gibt zu, daß Psychiater, die ihr fachliches Können in den Dienst einer Organisation stellen, in der Praxis nicht so einfach von denen zu unterscheiden sind, «die in der Organisation arbeiten, um die Ziele ihres Berufes durchzusetzen». Über die Rolle der beratenden Psychiater im Peace Corps zum Beispiel sagt er milde, ihr Erfolg entbehre «nicht des Zusammenhangs mit der Tatsache, daß sie die Hauptziele dieser Organisation voll und ganz unterschreiben konnten und daß ihre Begeisterung von den führenden Persönlichkeiten rasch erfaßt wurde»[27].

Über die rechte Rolle des Psychiaters in den medizinischen Krankenhäusern seiner Gemeinde (besonders im Hinblick auf seine Funktion an einer Well-Baby-Klinik anläßlich des Besuchs einer Mutter mit einem «gestörten» Verhältnis zu ihrem Kind) schreibt Caplan: «Wenn der Fachmann für vorbeugende (Community-)Psychiatrie die Fachmediziner in den Kliniken davon überzeugen kann, daß seine Arbeit eine logische Ausweitung der traditionellen medizinischen Praxis ist, werden alle Beteiligten seine Rolle gutheißen, er selber eingeschlossen. Er braucht dann nur noch die technischen Einzelheiten auszuarbeiten.»[28]

Genau das nun halte ich für die zentrale Frage: Ist die sogenannte Psychohygienearbeit «eine logische Ausweitung der traditionellen» – entweder prophylaktischen oder kurativen – «medizinischen Praxis»? Meiner Meinung nach ist sie nicht deren logische, sondern rhetorische Ausweitung[29]. Mit anderen Worten, die Praxis der Psychohygieneerziehung und der Community-Psychiatrie ist keine medizinische Praxis, sondern moralische Beeinflussung und politische Nötigung.

IV

Wie ich zuvor ausführte, sind geistige Gesundheit und Geisteskrankheit nichts weiter als ein paar neue Worte zum Beschreiben moralischer Werte. Allgemeiner gesagt, die Semantik der Psychohygienebewegung ist nur ein neues Vokabular, mit dem eine bestimmte Art von Profanethik durchgeboxt werden soll.

Diese Ansicht läßt sich auf mancherlei Weise abstützen. Hier möchte ich dazu aus der von Kenneth Soddy herausgegebenen Monographie *Mental Health and Value Systems* die Auffassungen des Wissenschaftlichen Ausschusses der World Federation for Mental Health zitieren.

Im ersten Kapitel erkennen die Autoren offen an, daß «Psychohygiene mit Grundsätzen verknüpft ist, die auf der tonangebenden Religion oder Ideologie der betreffenden Kommune basieren»[30].

Es folgt ein Überblick über die von verschiedenen Psychohygienearbeitern vorgeschlagenen Psychohygienekonzeptionen. So reagiert zum Beispiel in Soddys Sicht «der gesunde Mensch auf das Leben unverkrampft; seine Ambitionen halten sich im Rahmen des praktisch Durchführbaren ...»[31]. Nach der Auffassung eines Kollegen, die er zitiert, erfordert Psychohygiene «gute interpersonelle Beziehungen mit dem Selbst, mit anderen und mit Gott»[32] – eine Definition, die alle Atheisten säuberlich als Geisteskranke einstuft.

Auch das lästige Problem des Zusammenhangs zwischen sozialer Anpassung und Psychohygiene berühren die Autoren. Es gelingt ihnen aber bewundernswert, das Problem zu *um*gehen, das sie vorgeblich *an*gehen: «Psychohygiene und soziale Anpassung sind nicht dasselbe ... Das läßt sich daran veranschaulichen, daß nur wenige Menschen glauben, eine Person, die infolge Verlassens des heimischen

Herdes und Anschlusses an eine andere Gesellschaft zu einer besseren Anpassung gelangte, sei dadurch nun auch geistig-seelisch gesundet ... Wie es früher der Fall war, wird Anpassung an die Gesellschaft noch heute in manchen Gesellschaftsformen tendenziell als ein Zeichen für geistig-seelische Gesundheit geschätzt und Mangel an Anpassung in einem noch stärkeren Masse als Zeichen für mangelnde geistig-seelische Gesundheit betrachtet ... Es gibt Anlässe und Situationen, aus denen heraus Aufbegehren und Nonkonformismus unter psychohygienischen Gesichtspunkten viel wichtiger sein können als soziale Anpassung»[33]. Leider sagt man uns nicht, nach welchen Kriterien wir «unter psychohygienischen Gesichtspunkten» Situationen, denen wir uns anzupassen haben, von denjenigen unterscheiden sollen, gegen die wir uns besser auflehnten.

Derlei scheinheiligen Unsinn gibt es da noch viel mehr. So erfahren wir: «Während sich über den Vorschlag, alle ‹schlechten› Menschen als geistig-seelisch nicht gesund zu betrachten, wahrscheinlich kein Einvernehmen erzielen lassen wird, wäre vielleicht eine Einigung darüber, daß von keinem ‹schlechten› Menschen gesagt werden kann, seine geistig-seelische Gesundheit habe das höchstmögliche Niveau erreicht, sowie darüber denkbar, daß viele ‹schlechte› Menschen geistig-seelisch nicht gesund sind.»[34] Wer aber entscheidet, welches die «schlechten» Menschen sind, und nach welchen Maßstäben täte er es? Diese Probleme werden einfach zugestrichen, und so ist das Aussparen der Realität widersprüchlicher Ethiken in der Welt, wie sie nun einmal existiert, das auffallendste Kennzeichen dieser Studie. Vielleicht soll mit der Darbietung einer verschwommenen, dabei vieles umfassenden Psychohygieneethik unter anderem dieses Leugnen weiterhin ermöglicht werden. Tatsächlich scheinen es die Community-Psychiater in Wahrheit darauf anzulegen, ein klares politisches Vokabular durch eine obskure psychiatrische Semantik und ein pluralistisches Moralwertsystem durch eine singularistische

Psychohygieneethik zu ersetzen. Hier ein Beispiel dafür, wie das gemacht wird:

«Wenn sich eine soziale Gruppe einer anderen überlegen dünkt, so ist damit nach unserer Ansicht der geistig-seelischen Gesundheit beider Gruppen in keiner Weise gedient.»[35] Dann folgen ein paar kräftig vereinfachte Bemerkungen zum Negerproblem in den Vereinigten Staaten. Zweifellos verdient das hier geäußerte Sentiment Bewunderung. Aber die wirklichen Probleme der Psychiatrie hängen nicht mit abstrakten Gruppen zusammen, sondern mit konkreten Individuen. Dennoch lesen wir kein Wort über tatsächliche Beziehungen zwischen Menschen, zum Beispiel zwischen Erwachsenen und Kindern, Ärzten und Patienten, Fachleuten und Klienten. Und wir erfahren auch nichts darüber, daß die Herstellung einer funktionalen Beziehung Gleicher zu Gleichen das höchste Geschick, die größten Anstrengungen aller Beteiligten verlangt (und daß sie dennoch in manchen Fällen ein Ding der Unmöglichkeit bleiben kann).

Verrät sich der Psychohygieneethiker schon selbst, wenn er geistig-seelische Gesundheit und Krankheit diskutiert, so wird sein moralischer Standort noch klarer, wenn er psychiatrische Behandlungsweisen erörtert. In der Tat tritt der Psychohygiene-Apostel jetzt als Sozialingenieur im Großformat zutage: Er wird sich mit nichts weniger zufriedengeben als mit der Lizenz zum Weltmarktexport seiner eigenen Ideologie.

Die Verfasser beginnen ihre Debatte über die Durchsetzung der Psychohygiene mit dem Hinweis auf vorhandene «Widerstände» und schreiben: «Die Grundprinzipien des Erfolges von Versuchen zur Umgestaltung kultureller Gegebenheiten *im psychohygienischen Interesse* und die Risiken solcher Versuche sind für die praktische Psychohygienearbeit von großem Belang ... Veränderungen in einer Gemeinschaft können von ähnlichen Umständen abhängen, wie sie im Falle *des Kindes* obwalten ...» (Kursiv Th.

Sz.)[36] Wir erkennen darin das uns vertraute medizinisch-psychiatrische Modell der menschlichen Beziehungen wieder: Der Patient gleicht dem unwissenden Kinde und muß vom Fachmann, der der zu allem befugten Elternfigur gleicht, notfalls auch mit selbstherrlichen Mitteln und ohne Einwilligung des «Schützlings» «beschützt» werden.

Der Psychohygienearbeiter, der diese Ansicht vertritt und sich in seiner Tätigkeit danach richtet, trägt seinen (widerstrebenden) Klienten gegenüber die Nase arg hoch. Er betrachtet sie bestenfalls als törichte, erziehungsbedürftige Kinder, schlimmstenfalls als böse Verbrecher, die es zu bessern gilt. Nur allzu oft versucht er, einen Wandel der Wertvorstellung durch Betrug und mit Gewalt statt durch Wahrheit und Beispiel zu bewirken. Kurzum, er handelt anders, als er redet. Die von der Gleichheit Aller ausgehende, liebevolle Einstellung zum Mitmenschen, die der Psychohygienearbeiter so emsig in die «psychiatrisch unterentwickelten» Gebiete der Erde exportieren will, scheint allenthalben recht knapp zu sein. Oder sollen wir vielleicht übersehen, wie es in den Vereinigten Staaten um das Verhältnis zwischen Weiß und Schwarz oder zwischen Psychiater und unfreiwilligem «Patienten» steht?!

Die Autoren sind zwar nicht völlig blind gegen diese Schwierigkeiten, aber offenbar auch schon zufrieden damit, daß sie solche Probleme überhaupt sehen. So schreiben sie beispielsweise, nachdem sie die Ähnlichkeiten zwischen chinesischer Gehirnwäsche und unerbetener psychiatrischer Behandlung kommentiert haben:

«Der Terminus Gehirnwäsche ist . . ., mit unseligen Nebenbedeutungen befrachtet, auf die psychotherapeutische Praxis von denjenigen angewandt worden, die ihr feindlich gesonnen sind. Diese Lehre müssen sich unseres Erachtens alle zu Herzen nehmen, die an verantwortlicher Stelle für die psychiatrische Behandlung von Patienten wider deren Willen Sorge tragen. *Wer die Ziele der Psychotherapie fürchtet oder mit Mißfallen betrachtet,* wird die Anwen-

54

dung von Zwang oder Täuschung mit an Sicherheit grenzender Wahrscheinlichkeit verwerflich finden.» (Kursiv Th. Sz.)[37]

Der «wohlmeinende» Despot, der politische wie der psychiatrische, mag sein Wohlwollen nicht angezweifelt sehen. Geschieht es doch, so greift er zur klassischen Unterdrückertaktik: Er sucht seine Kritiker zum Schweigen zu bringen und, wenn das nicht klappt, zu erniedrigen. Der Psychiater schafft das, indem er Gegner seiner Auffassungen «feindlich» oder «geisteskrank» schimpft. Und so hören wir denn hier, daß ein Feind der Psychotherapie sein müsse, wer die Ähnlichkeiten zwischen Gehirnwäsche und unfreiwilliger psychiatrischer Behandlung zugibt.

Die Feststellung, «diese Lehre müssen sich . . . alle zu Herzen nehmen, die an *verantwortlicher Stelle* für die psychiatrische Behandlung von Patienten wider deren Willen Sorge tragen» (Kursiv Th. Sz.) bedarf eines Kommentars. Der hier benutzten Sprache nach zu urteilen, existieren Psychiatriepatienten in der Natur. In Wirklichkeit aber werden sie großenteils von den Psychiatern erst geschaffen. Daher gehen die Autoren auf das ärgerliche Problem der unfreiwilligen psychiatrischen Behandlung, nachdem sie es angeschnitten haben, auch nicht klar und ausführlich ein, sondern ziehen die emotionale Gesundheit und die moralischen Absichten derer in Zweifel, die das Problem kritisch zu betrachten wagen.

Dieser Widerstand gegen eine kritische Untersuchung seiner Lehren und Methoden mag für den Psychohygienearbeiter eine ähnliche Notwendigkeit sein wie für den Missionar oder den Politiker. Sie alle wollen ja letzten Endes Seelen oder Hirne erbeuten, nicht aber menschliche Probleme begreifen. Denn wir dürfen nicht vergessen, wie gefährlich es ist, einen anderen Menschen verstehen zu wollen. Ein solches Bemühen birgt das Risiko, daß einem die eigenen Ansichten widerlegt, die eigenen Überzeugungen in Frage gestellt werden. Der Nachdenkliche, der bescheiden nur durch das Beispiel seines eigenen Verhaltens belehren will, muß stets bereit sein, Irrtümer zuzugeben und seine Richtung zu ändern. Das jedoch widerstrebt dem Psychohygieneexperten total. Er will nicht von seinem Wege abgehen, sondern andere von dem ihrigen abbringen.

In einer vor fast dreißig Jahren geschriebenen Analyse der Psychohygienebewegung hat Kingsley Davis dies und mehr zu bedenken gegeben. Zur «family clinic» bemerkte Davis, daß solche Einrichtungen keine medizinische Behandlung, sondern moralische Manipulation anbieten: «Bevor man solche Patienten heilen kann, muß man ihr Verhaltensziel ändern; kurz, man muß sie nicht an ihrer Anatomie, sondern an ihrem Wertsystem operieren»[38].

Mißlich ist natürlich, daß die meisten Menschen ihre Ziele *nicht ändern* wollen – sie möchten sie *erreichen.* Die Folge: «Der freiwillige Besuch in einer solchen Klinik kann nur von Klienten erwartet werden, deren Ziele den sozial gebilligten Zwecken entsprechen. Andere sorgenbeladene Personen, deren Wünsche den gutgeheißenen Werten zuwiderlaufen, werden ausbleiben und sich nur mit Gewalt oder durch Betrug herbeischaffen lassen.»[39]

Davis wagte sogar eine Aussage, die heute wohl nur wenige riskieren würden, wenn er schreibt: «... viele Patienten werden durch Vorspiegelung falscher Tatsachen in diese Kliniken gelockt»[40]. Ähnlich werden noch viel mehr Menschen in staatliche Heilanstalten und kommunale Nervenkliniken gelockt. Daher kann ich in der Community-Psychiatrie nur den abermaligen Versuch erblicken, die alte Psychohygieneindustrie wieder anzukurbeln und auszubauen.

Zunächst haben wir da eine neue Werbekampagne: Die Erziehung zur Psychohygiene soll arglose Menschen als Patienten für die kommunalen Psychohygieneeinrichtungen einfangen. Nachdem ein Bedürfnis – oder in diesem Falle vielleicht nur der Anschein eines solchen – geschaffen worden ist, expandiert die Industrie, was sich darin ausdrückt, daß die Ausgaben für bestehende Nervenkliniken und

Krankenhäuser sowie für die Errichtung neuer, noch stärker automatisierter Fabriken mit dem Namen «Kommunale Psychohygienezentren» ständig steigen.

Bevor ich meinen Überblick über die ethische Seite des Psychohygienewesens abschließe, möchte ich noch kurz beleuchten, welche Werte die Verfasser von *Mental Health and Value Systems* billigen.

Sie sind für Wandel als solchen; seine Richtung bleibt oft unspezifiziert. «Der Erfolg der Psychohygienewerbung hängt zum Teil von der Schaffung eines Klimas ab, das Wandel begünstigt, und von der Überzeugung, daß Wandel wünschenswert und möglich ist.»[41] Und sie betonen auch, wie notwendig es sei, gewisse «unbewiesene Annahmen» zu prüfen – von denen allerdings keine das Wesen der Psychohygienepraxis betrifft. Vielmehr nennen sie als unbewiesene Annahmen Gedanken wie diesen: «. . . die Mutter ist immer die beste Betreuungsperson für ihr eigenes Kind.»[42]

Nach meiner Meinung müssen wir alledem aus elementarlogischen und moralischen Gründen widersprechen. Wenn Wertbegriffe diskutiert und durchgesetzt werden sollen, sind sie als das zu betrachten, was sie sind, nämlich moralische und nicht gesundheitliche Werte. Warum? Weil moralische Werte das rechtmäßige Anliegen aller sind und sein müssen, und weil sie nicht in die besondere Kompetenz einzelner Gruppen fallen, wogegen Gesundheitswerte (und besonders deren technische Verwirklichung) eine Sache vornehmlich der Gesundheitsfachleute, insonderheit der Ärzte, sind und sein müssen.

V

Als was wir sie auch bezeichnen mögen, Psychohygiene ist heute ein großes Geschäft. Das zeigt sich in jeder modernen Gesellschaft unbeschadet ihrer politischen Struktur. Ohne ein klares Verständnis des sozialen Aufbaus der Psychohygienefürsorge können wir daher auch den Kampf zwischen individualistischen und kollektivistischen Werten in der Psychiatrie nicht begreifen. So sehr es überraschen mag: In den Vereinigten Staaten untersteht die Versorgung hospitalisierter Geisteskranker zu 98 Prozent der Bundesregierung, den Regierungen der Einzelstaaten und den Bezirksbehörden[43]. In Großbritannien sieht es genauso aus; in der Sowjetunion beläuft sich der Prozentsatz natürlich auf 100.

Freilich bedarf dieses Bild hinsichtlich der Vereinigten Staaten und Großbritanniens noch der Ergänzung. Bis jetzt blieb dort die Privatpraxis das, was der Name besagt – privat. Aber das bedeutet nicht, daß die stationäre Behandlung von Geisteskranken mit öffentlichen Geldern und die Betreuung ambulanter Psychiatriepatienten aus privaten Mitteln bestritten wird. Vielmehr tragen zur Finanzierung der poliklinischen Versorgung öffentliche wie private Hände bei. Nach einer Gesamtschätzung für alle Versorgungs- und Pflegeformen zusammen wird «die Behandlung geisteskranker Patienten zu etwa 65 Prozent aus Steuern bezahlt und zu 35 Prozent von privaten und freiwilligen Diensten geleistet»[44].

Die drohenden Folgen des ungeheuren, sich immer mehr ausweitenden staatlichen Engagements in der Psychohygiene sind nach meinem Dafürhalten noch nicht richtig erkannt worden. Und alles, was sich aus einer staatlichen Kontrolle des Anstaltswesens an Schwierigkeiten ergibt, hängt mit dem logisch vorangehenden Problem zusammen: Welches Ziel hat die gebotene psychiatrische Versorgung? Geisteskranke von ihren Leiden kurieren – diese Antwort hilft uns nicht weiter. Wie wir gesehen haben, bezeichnen die Begriffe «Geistesgesundheit» und «Geisteskrankheit» ethische Werte und soziale Verhaltensweisen. Folglich dient das ganze Nervenkliniksystem (wenn auch noch so verdeckt) der Durchsetzung bestimmter Werte und Verhaltensleistungen sowie der Unterdrückung anderer. Welche Werte propagiert und welche negiert werden, hängt natürlich vom Wesen der Gesellschaft ab, die den «Gesund-heits»-Dienst finanziert.

Nochmals, diese Punkte sind nicht neu. Ähnliche Ansichten haben auch andere geäußert. Davis beobachtete, daß den künftigen Benutzern der «family clinics», wie er formuliert, «in dieser oder jener Weise, durch Vorträge, Pressepropaganda oder diskrete Ankündigungen, gesagt wird, die Klinik bestehe nur zu dem Zweck, dem einzelnen aus seinen Nöten herauszuhelfen, während sie doch in Wirklichkeit die herrschende soziale Ordnung stützen soll. Hat sich das Individuum erst einmal in eine solche Klinik locken lassen, so wird es dort möglicherweise das Opfer weiterer Täuschungen durch eine Propaganda, die ihm einschärft, es liege in seinem eigensten Interesse, just das zu tun, was es offenbar nicht tun will – als könnte man das ‹eigenste Interesse› eines Menschen nach etwas anderem beurteilen als nach dessen eigenen Wünschen.»[45]

Aus dem unfreiwilligen Charakter dieser Sorte Klinik oder Krankenhaus folgt nach Davis (und ich pflichte ihm darin bei), daß die gebotenen Dienstleistungen philanthropischer oder staatlicher «Subventionen bedürfen und sich nicht durch Gewinne aus Gebühren selber tragen können. Da fernerhin ihr Zweck mehr mit der Kommune schlechthin als mit der versorgten Person identifiziert wird, und da sie ihre Ziele nicht ohne Gewalt oder Täuschung zu erreichen vermag, muß sie als ein Arm des Gesetzes und der Regierung fungieren. Dem einzelnen in seiner Eigenschaft als Privatperson billigen wir den Rückgriff auf Gewalt und Betrug ja nicht zu ... Um Familienkonflikte durch soziales Diktat zu schlichten, braucht eine family clinic daher auf lange Sicht die Macht oder zumindest den Mantel irgendeiner staatlich genehmigten Einrichtung, die – wie beispielsweise die Kirche – systematisch Täuschung betreibt.»[46]

Könnte die Community eine Klinik (er)tragen, die mehr den Interessen des Klienten als denen der Gemeinde dienen will? Davis erwog diese Möglichkeit und verwarf sie schließlich. Denn um zu existieren, muß eine Klinik solchen Typs «wie jede andere Gewalt und Täuschung anwenden – und zwar nicht gegen den Klienten, sondern gegen die Kommune. Sie muß in den Wandelgängen der Legislative Abgeordnete bearbeiten, politische Waffen einsetzen und vor allem in der Öffentlichkeit ihre wahren Ziele leugnen»[47]. (Genau das haben wir die organisierte amerikanische Psychoanalyse tun sehen.)[48]

Davis erkennt, welche grundlegenden Alternativen die Psychiatrie ins Auge fassen muß, aber nicht faßt: «Die individualistische Klinik würde den Standard ihres Klienten, die Klinik der anderen Art den der Gesellschaft akzeptieren. In der Praxis ist nur der letztere Typ annehmbar, weil der Staat die Macht zur Anwendung von Gewalt und Täuschung hat.»[49] Soweit «family clinics» oder andere Psychohygieneeinrichtungen beiden Interessen gerecht zu werden suchen, «wollen sie im Grunde auf zwei Pferden reiten, die in entgegengesetzte Richtungen laufen»[50].

Ein Vergleich der nervenklinischen Versorgung in der Sowjetunion und in den Vereinigten Staaten stützt die Behauptung, daß die von der Psychiatrie geförderten oder unterdrückten Werte und Leistungen mit der Gesellschaft zusammenhängen, die ihre Arbeit finanziert. Das Verhältnis der Zahl der Ärzte und Krankenhausbetten zur Einwohnerzahl ist in beiden Ländern ungefähr das gleiche. Doch diese Gemeinsamkeit täuscht. In der Sowjetunion gibt es etwa 200 000 Nervenklinikbetten, in den Vereinigten Staaten etwa 750 000. Also «werden in der Sowjetunion 11,2 Prozent und in den USA 46,4 Prozent der Krankenhausbetten mit psychiatrischen Patienten belegt»[51].

Dieser Unterschied läßt sich am besten aus bestimmten sozial- und psychiatriepolitischen Gegebenheiten erklären, die die Hospitalisierung Geisteskranker in Amerika begünstigen, in der Sowjetunion dagegen bremsen. Überdies liegt in der Sowjetunion das Schwergewicht der psychiatrischen

Behandlung auf der Zwangsarbeit, bei uns indessen auf dem erzwungenen Müßiggang. Die Russen zwingen Psychiatriepatienten zu produktiver Arbeit, wir zwingen sie zu Konsum. Es ist kaum wahrscheinlich, daß diese «therapeutischen» Akzente nichts mit dem chronischen Arbeitskräftemangel in Rußland und unserem chronischen Überschuß an Arbeitskräften zu tun haben sollten.

In der Sowjetunion unterscheidet sich die «Arbeitstherapie» von der normalen Arbeit darin, daß sich erstere unter den Auspizien einer psychiatrischen Einrichtung, letztere dagegen unter denen einer Fabrik oder eines landwirtschaftlichen Produktionsbetriebes vollzieht. Auch wird der russische Verbrecher, wir haben es im Fall Jossif Brodskij gesehen, zu Arbeit verurteilt – nicht zu Müßiggang (oder zu Pseudotätigkeit) wie sein amerikanisches Gegenstück. Dies alles hat im wesentlichen zwei Ausgangspunkte, nämlich erstens die sowjetische sozialpolitische Theorie, daß «produktive Arbeit» sowohl für die Gesellschaft als auch für den einzelnen gut sei, und zweitens den sozio-ökonomischen Umstand in der Sowjetunion, daß dort in einem System von Mammutbürokratien (in dem die notwendigen Kontrollen und Gegengewichte fehlen) immer mehr Menschen zur Verrichtung von immer weniger Arbeit benötigt werden. Daher der chronische Mangel an Arbeitskräften in der Sowjetunion.

Folglich hält man dort die Menschen lieber an ihrem Arbeitsplatz fest, statt sie in Heilanstalten zu stecken. Wer auf seinem Posten nicht mehr geduldet wird, muß in «ambulanten psychiatrischen Kliniken» arbeiten, «wo die Patienten den ganzen Tag emsig schaffen können ...»[52]. In den dreißiger Jahren, auf dem Höhepunkt des Stalinismus, entwickelte sich eine «kritiklose Leidenschaft für die Arbeitstherapie», derzufolge «die Hospitäler eher Industriebetrieben glichen»[53].

Es liegt auf der Hand, daß der Unterschied zwischen Arbeitstherapie und normaler Arbeit in Rußland derselbe ist wie zwischen der Anstaltsunterbringung krimineller Geisteskranker und der Gefängnishaft in den USA. Viele sowjetische Krankenhauswerkstätten, erfahren wir, «funktionieren im Grunde wie regelrechte Fabrikabteilungen; sie halten ihre leichtbehinderten, indessen produktiven Patienten auf unbegrenzte Zeit fest, zahlen ihnen reguläre Löhne und lassen sie täglich zur Arbeit kommen und wieder nach Hause fahren, als seien sie bei ihnen fest angestellt ... Es sind Fälle bekannt, daß Leiter die ihnen unterstehenden Werkstätten zu ihrem privaten Gewinn ausgenutzt haben ...»[54]

In den Vereinigten Staaten befinden sich die Produktionsmittel gewöhnlich nicht im Besitze oder unter der Kontrolle des Staates. Die Warenproduktion und die (meisten) Dienstleistungen liegen in den Händen von Privatpersonen oder Privatgruppen. Ließe die Regierung ihre Pflegebefohlenen Güter herstellen oder Dienstleistungen erbringen, würde sich ein problematischer Wettbewerb mit dem privaten Sektor ergeben. Dieses Problem entstand erstmals im Zusammenhang mit Gefängnissen und kommt jetzt im Umfeld der Psychohygieneeinrichtungen auf uns zu. Die Aktionäre (oder die Beschäftigten) der General Motors Corporation wären alles andere als beglückt, wenn die amerikanische Regierung die Insassen von Bundeshaftanstalten zur Automobilproduktion einsetzen würde. Daher dürfen Häftlinge in den Vereinigten Staaten lediglich Nummernschilder anfertigen und Insassen von Nervenkliniken weiter nichts als Korridore fegen oder Küchenarbeiten verrichten.

Ich will damit ganz einfach sagen: Anders als in der Sowjetunion ist das sozio-ökonomische Hauptproblem in den Vereinigten Staaten ein Überangebot, keine Knappheit, an Konsumgütern; ebenso haben wir einen Überschuß, aber keinen Mangel, an produktiven Arbeitskräften. So kommt es zu unserer wohlbekannten, chronischen Arbeitslosigkeit, die die Zahl der Erwerbslosen kaum je unter 5 Prozent sinken läßt, wobei noch viele arbeitsfähige ältere Menschen unberücksichtigt bleiben. Demgemäß wird in amerikanischen Nervenkliniken sinnvolle produktive Tätigkeit nicht gefördert und nötigenfalls sogar mit Gewalt verhindert. Statt wie die Sowjets die Zwangsarbeit, definieren wir erzwungene Faulheit als Therapie. Erlaubt (oder gefördert) wird einzig und allein die in den Krankenhauswerkstätten und für den technischen Anstaltsbetrieb unentbehrliche Arbeit, und auch in dieser Kategorie nur solche, die mit der Privatwirtschaft nicht konkurriert.

Wie ich schon vor einiger Zeit zu bedenken gegeben habe[55], erfüllt die Hospitalisierung Geisteskranker in den Vereinigten Staaten eine doppelte sozio-ökonomische Funktion. Erstens: Indem es Insassen von Heil- und Pflegeanstalten als arbeitsunfähig definiert (und oft nach der Entlassung am Arbeiten hindert), trägt das psychohygienische Betreuungswesen zum Abbau unseres nationalen Arbeitslosenreservoirs bei, und so werden viele Menschen nicht als sozial untauglich oder erwerbslos, sondern als geisteskrank rubriziert. Zweitens hilft das psychohygienische Betreuungswesen dadurch Arbeitsplätze schaffen, daß es eine riesige Organisation von Nervenkliniken und angeschlossenen Einrichtungen entstehen läßt, die in der Tat schon eine atemberaubende Fülle von Pöstchen im psychiatrischen und parapsychiatrischen Bereich zu besetzen hat. Infolgedessen bedrohen uns massive Kürzungen der Mittel für die Psychohygienebürokratie mit den gleichen wirtschaftlichen Störungen wie Abstriche am Verteidigungsetat und sind vielleicht ebenso «undenkbar».

Mir will daher scheinen, daß wir im Widerspruch zu den oft wiederholten Propagandaphrasen über die hohen Kosten der Geisteskrankheit ein geradezu hinterlistiges ökonomisches Interesse daran haben, solche «Krankheiten» fortdauern und gar zunehmen zu lassen. Angesichts grassierender Überproduktion bei gleichzeitiger Unterbeschäftigung können wir uns die «Kosten» für die Pflege und Betreuung Hunderttausender geisteskranker «Patienten» samt Abhängigen offenbar leisten. Wäre es indessen wohl «kostenmäßig» vertretbar, sie nicht zu betreuen und damit das Arbeitslosenheer nicht nur um die sogenannten Geisteskranken, sondern auch um die Leute zu vermehren, die sie jetzt «behandeln» und an ihnen «Forschung» betreiben?

Welche Ziele die Community-Psychiatrie nach außen hin auch immer verfolgen mag, ihre tatsächlichen Operationen werden sehr wahrscheinlich von sozio-ökonomischen und politischen Fakten und Rücksichten der hier besprochenen Art beeinflußt.

VI

Psychiatrie ist eine moralische und soziale Angelegenheit. Der Psychiater hat es mit menschlichen Verhaltensproblemen zu tun und wird daher in Konfliktsituationen – oft zwischen dem Individuum und der Gruppe – hineingezogen. Wenn wir die Psychiatrie verstehen möchten, können wir unsere Augen vor diesem Dilemma nicht verschließen. Wir müssen wissen, auf wessen Seite der Psychiater steht, auf der des einzelnen oder der der Gruppe.

Verfechter der Psychohygieneideologie beschreiben das Problem in anderen Begriffen. Indem sie die zwischenmenschlichen Konflikte herunterspielen, vermeiden sie, sich selbst ausdrücklich als Beauftragte entweder des Individuums oder der Gruppe festlegen zu müssen. Sie sehen sich lieber «Psychohygiene» verbreiten als die Interessen der einen oder anderen Partei oder den einen oder anderen moralischen Wert vertreten.

Erwägungen wie diese haben mich zu dem Schluß geführt, daß das Konzept der Geisteskrankheit ein Verrat am gesunden Menschenverstand und an einem ethisch geprägten Menschenbild ist. Freilich, wann immer wir über ein Konzept vom Menschen sprechen, ergibt sich sogleich ein definitorisches und philosophisches Problem: Was verstehen wir unter «Mensch»? Der Tradition des Individualismus und Rationalismus gemäß ist für mich ein menschliches Wesen in dem Maße eine Person, in dem es freie, nicht erzwungene Entscheidungen fällt. Alles, was seine Freiheit mehrt, mehrt sein Menschentum; alles, was seine Freiheit mindert, mindert sein Menschentum.

Mit wachsender Freiheit, Unabhängigkeit und Verantwortung wird man zum Menschen, mit zunehmender Versklavung, Abhängigkeit und Verantwortungslosigkeit zum Ding. Heute steht unausweichlich fest, daß das Konzept der Geisteskrankheit ungeachtet seiner Ursprünge und Ziele der Versklavung des Menschen dient, weil es einem Menschen gestattet, ja gebietet, einem anderen seinen Willen aufzuzwingen.

Wir haben gesehen, daß die Psychohygienetechniker zumal im Rahmen eines staatlichen Psychohygienesystems eigentlich die moralischen und sozio-ökonomischen Interessen des Staates wahren. Das kann kaum überraschen. Welche anderen Interessen sollten sie denn vertreten? Gewiß nicht die des sogenannten Patienten, die ja oft denen des Staates zuwiderlaufen. So wird aus der – heute stolz «Community-Psychiatrie» genannten – Psychiatrie weitgehend ein Instrument zur Kontrolle des Individuums. In einer Massengesellschaft geht das am besten, indem man dem einzelnen lediglich eine Existenz als Gruppenmitglied zubilligt, nie als Individuum.

Die Gefahr liegt auf der Hand und ist auch von anderen gesehen worden. In Amerika stößt die Ideologie des Totalitarismus auf eisige Ablehnung, sobald sie im Gewande des Faschismus oder des Kommunismus auftritt. Wenn aber dieselbe Ideologie unter dem Mantel der Psychohygienebewegung propagiert wird, nimmt man sie mit offenen Armen auf. Daher erscheint es möglich, daß die Psychohygieneethik die amerikanische Gesellschaft dort kollektivieren könnte, wo es Faschismus und Kommunismus bislang nicht geschafft haben.

3. Psychiatrie – Schleichhandel mit menschlichen Werten

Zu den ungeheuer vielen «Beruhigungs»-Funktionen[1] der Psychiater im heutigen Amerika gehört auch eine, auf die ich besonders aufmerksam machen möchte. Ich nenne sie den «Schleichhandel in Humanismus».

Humanismus ist zwar ein unscharfer Begriff, aber kein ganz unnützer. Für die meisten von uns besagt er, daß persönliche Autonomie, Würde, Freiheit und Verantwortung als positive Werte betrachtet und auch Züge wie Güte, Verständnis und Barmherzigkeit gebilligt werden. Dementsprechend gelten der humanistischen Ethik Ungleichheit vor dem Gesetz, soziale Unterdrückung, harte Bestrafung und jede Form von Gemeinheit als schlecht und verdammenswert.

«Bootlegging» ist ein plastischer amerikanischer Slang-Ausdruck für den Schleichhandel mit verbotenen Produkten, also zum Beispiel mit geistigen Getränken zur Prohibitionszeit. Schmuggel entsteht aber nur unter zwei Voraussetzungen: Erstens muß es eine mächtige Nachfrage geben, die bestimmte Leute befriedigen wollen, und zweitens muß diese Bedarfsdeckung gesetzlich untersagt sein. Wo diese Bedingungen erfüllt sind, wird die Bedarfsdeckung auf dem Schwarzmarkt beginnen und höchstwahrscheinlich zu hoher Blüte gelangen.

Wir assoziieren Schmuggel gern mit der ungesetzlichen Befriedigung moralisch verwerflicher Wünsche, wie etwa der Gier nach Alkohol und Rauschmitteln. Das ist irreführend. Oft läßt sich auch ein edles Streben nur um den Preis einer Rechtsverletzung verwirklichen. Vergessen wir nicht: Gesetze können des Menschen Würde und Wohlergehen ebenso leicht beeinträchtigen und zunichte machen wie fördern. Dann sprechen wir von schlechten, dummen oder unvernünftigen Gesetzen. Wenn Gesetze Menschen an der Realisierung bestimmter wichtiger Ansprüche hindern, ist die Bühne bereitet für eine illegale Erfüllung der aufgestauten Wünsche. In der Nazizeit machten sich viele Deutsche, Holländer und besonders viele Dänen strafbar, indem sie Juden versteckten oder ins Ausland schmuggelten. Wir – und ich meine damit kollektiv uns, die amerikanischen Psychiater – schmuggeln auf ähnlichen Schleichwegen. Ich werde diesen Vorgang am anschaulichen Beispiel des therapeutischen Aborts aus psychiatrischen Gründen beschreiben.

II

Wie die meisten prohibitiven Gesetze untersagen auch die Abtreibungsparagraphen (den Abort) nicht absolut. Unter gewissen Umständen ist eine Abtreibung nicht strafbar. Die gerichtlich anerkannten Rechtfertigungsgründe variieren von Staat zu Staat ähnlich den Rechtfertigungsgründen für die Tötung eines Menschen. Geisteskrankheit ist ein solcher Rechtfertigungsgrund. In manchen Staaten wird so verfahren: Wenn ein psychiatrisches Gutachten vorliegt, daß eine Frau eine Geisteskrankheit hat oder wahrscheinlich bekommen wird, falls sie die Leibesfrucht austrägt, darf sie eine legale oder therapeutische (indizierte) Abtreibung vornehmen lassen.

Wo immer solche therapeutischen Abtreibungen in nennenswerter Zahl erfolgen, geschieht dies häufiger aus psychiatrischen als aus irgendwelchen anderen Gründen. Am Mount-Sinai-Hospital in New York zum Beispiel wurden 39 Prozent aller zwischen 1952 und 1957 durchgeführten therapeutischen Abtreibungen psychiatrisch, aber nur 11 Prozent mit kardiorenalen Leiden und nur 10 Prozent

mit Malignität begründet[2]. In den ersten neun Monaten
nach dem Inkrafttreten eines «liberalisierten» Abtreibungs-
gesetzes in Colorado im Jahre 1967 wurden am Denver
General Hospital 109 therapeutische Abtreibungen vorgenommen – zu 90 Prozent aus «psychiatrischen Gründen»[3].
Als in Kalifornien 1968 ein ähnliches Gesetz erlassen
wurde, vermehrten sich die Fälle von «Geisteskrankheit»
während der Schwangerschaft noch rasanter: In den ersten
sechs Monaten des Jahres wurde 1777 Schwangeren im
Staat Kalifornien ein therapeutischer Abort bewilligt, «um
ihre geistige Gesundheit zu gewährleisten», während im
gleichen Zeitraum nur 115 therapeutische Abtreibungen
zum «Schutze der körperlichen Gesundheit der Frau» er-
folgten[4].
Gegenwärtig herrscht in medizinischen und psychiatrischen
Fachkreisen ein reges Interesse an Maßnahmen zur «Liberalisierung» der Abtreibungsparagraphen. Eine solche Lok-
kerung kann, wie mir scheint, auf einem von zwei Wegen
angestrebt werden.
Der eine Weg wäre, immer mehr medizinische, rassenhygie-
nische, psychiatrische und soziale Erwägungen als «therapeutische Indikationen» für Abort zu befürworten und
dadurch mehr Abtreibungen zu legalisieren. Das hat den
Vorteil (wenn es einer ist), daß zumindest einigen Personen
die Möglichkeit des Aborts gewährt wird, wenn sie es wünschen. Zugleich bleiben die unseren Einstellungen und Gesetzen zum Abtreibungsproblem zugrunde liegenden ethischen Prämissen ungeprüft und unberührt.
Ein soziales Vorgehen dieses Stils hat aber auch einige
schwere Nachteile. Der gravierendste ist vielleicht, daß auf
diese Weise das Krank- oder Behindertsein eine Kursauf-
wertung erfährt. Eine gesunde Schwangere muß das Kind
austragen, ob es ihr paßt oder nicht. Wenn sie sich aber
eine Krankheit bescheinigen lassen kann, eröffnet sich ihr
die Möglichkeit eines legalen Aborts. Dabei ergibt sich für
die Psychiatrie eine offenkundige Schwierigkeit. Es ist zwar

nicht so einfach, sich um des Vorteils des Krankseins willen ein rheumatisches Herzleiden zuzulegen, aber eine geistig-seelische Krankheit kann man unter solchen Umständen durchaus entwickeln. Menschen, die an sogenannten Geisteskrankheiten leiden, bestimmte Vorrechte – zum Beispiel Befreiung vom Wehrdienst, Freistellung von den Konsequenzen gewisser Vergehen, Aborterlaubnis – einzuräumen (und damit vergleichsweise die geistig Gesunden zu bestrafen!), ist ein ziemlich riskantes Unterfangen. Ist es wünschbar, «geisteskrank» zu sein, um dem Zwang der physiologischen Folgen des Geschlechtsaktes zu entgehen?

Ein anderer fundamentaler Nachteil der gegenwärtigen medizinisch-psychiatrischen Bemühungen um eine Lockerung der Abtreibungsgesetze ist der, daß sie den verhüllten ethischen Konflikt zwischen medizinischem und selbst gewolltem Abort eher verschärfen als mildern. In allen solchen Reformen steckt die These, daß die Entscheidung darüber, ob eine Frau ein Kind haben soll oder nicht, bei den medizinischen und psychiatrischen Fachleuten, aber ganz und gar nicht bei der Mutter selber zu liegen habe. Sagen wir es so: Anders als der selbst gewollte Abort, macht der mit medizinischen und psychiatrischen Gründen gerechtfertigte Abort den medizinischen und psychiatrischen Experten und nicht den mündigen, selbständigen Bürger für die Entscheidung verantwortlich, ob die physiologische Kettenreaktion, die mit dem Geschlechtsakt eingeleitet wurde und in der Geburt gipfelt, unterbrochen werden soll oder nicht.

Der andere Weg wäre der, die sozialethischen Probleme des Aborts (und ähnlicher Fragen wie etwa Geburtenregelung oder Todesstrafe) voll aufzurollen und freimütig anzupakken. Indem Psychiater eine auf überkommenen Rechts- und Sozialvorstellungen fußende Gesetzgebung gutheißen, ja eifrig verfechten, erschweren sie letztlich nicht nur anderen, sondern auch sich selbst die Auseinandersetzung mit den wirklich wichtigen Problemen. Ich meine, daß Bemühungen um eine «Liberalisierung» der Abtreibungsparagraphen durch ein verbreitertes Spektrum medizinischer Rechtfertigungsgründe im Endeffekt die Freiheit des Menschen beschneiden helfen. Denn eine medizinische und psychiatrische «Liberalisierung» der Abtreibungsgesetze würde lediglich die Zahl der Anlässe vermehren, aus denen andere Leute bei Frauen die Leibesfrucht abtreiben dürften, ohne die Zahl der Anlässe zu erhöhen, aus denen Schwangere *selbst* diese Entscheidung fällen könnten. Solche Maßnahmen untermauern daher die Behauptung, es sei gut, Menschen das Recht der Verfügungsgewalt über den eigenen Körper zu verweigern.

III

Die meisten Probleme, die sich aus gesetzlichen Regelungen der geschlechtlichen Handlungen Erwachsener ergeben, lassen sich in einer einzigen Frage und den möglichen Antworten zusammenfassen. Die Frage lautet: Wem gehört der Körper eines Menschen? Mit anderen Worten: Gehört der Körper einer Person ihren Eltern, wie es in einem gewissen Grade in der Kindheit des Betreffenden der Fall war? Oder gehört er dem Staat? Oder dem Souverän? Oder etwa Gott? Oder gehört er letztlich dem Betreffenden selbst[5]?

Das alles ist logisch zu rechtfertigen und empirisch möglich. Jede Antwort reflektiert die Regeln eines bestimmten sozialethischen Systems oder Lebensspiels. Allerdings müssen wir uns darüber klar sein, welches Wertsystem wir vertreten. Nach der traditionellen christlichen Theologie zum Beispiel gehört der Körper Gott. Der moderne weltliche Humanismus anderseits geht davon aus, und sollte meines Erachtens ausdrücklich bekräftigen, daß der Körper eines Erwachsenen diesem selbst gehört. Das bedeutet, daß er sich töten darf, ohne damit ein Verbrechen zu begehen. Auch kann er über seine Zeugungsfunktionen jede ihm genehme Kontrolle ausüben. Unter diesem Gesichtswinkel betrachtet, würde an sich eine Abtreibung vornehmen lassen

in dieselbe Kategorie gehören, wie sich einer Varizenumste-
chung unterziehen.

Die eben beschriebene Einstellung zum menschlichen Körper und besonders zu seinen Zeugungsfunktionen kollidiert
auf das heftigste mit religiös geprägten Auffassungen dieser
Fragen. Ungeachtet sonstiger Unterschiede sehen alle westlichen Religionen übereinstimmend im Menschen Gottes
Schöpfung. Das verleiht dem Menschen nicht nur eine besondere Bedeutung, einen eigenen Wert, sondern verpflichtet ihn auch zur Beachtung gottgegebener Gesetze. Für unseren gegenwärtigen Zweck genügt ein Blick auf die
römisch-katholische Einstellung zum Eigentumsrecht am
menschlichen Körper und besonders zum Problem der Geburtenregelung. Von den verschiedenen religiösen Auffassungen dieser Dinge ist die katholische die extremste, aber
zugleich die konsequenteste und logischste. Kurz gesagt,
betrachtet die katholische Lehre jede «künstliche» Beeinflussung der Zeugung beim Menschen aus zwei fundamental ethischen Gründen als Sünde. Erstens gilt das Verhältnis
des Menschen zu praktisch allem Wichtigen und zumal
zum Gebrauch seiner Geschlechtsorgane als «naturrecht-
lich», das heißt durch angeblich gottgegebenes Recht, gere-
gelt. «Künstliche» Geburtenkontrolle verstößt mithin gegen
das «Naturrecht». Zweitens gilt als Zeitpunkt des Lebens-
beginns beim Menschen der Moment der Befruchtung.
Demnach ist der Embryo «lebendig» und besitzt eine von
der Mutter getrennte theologische Existenz. Deswegen gehören nach katholischer Lehrmeinung Abort, Kindesmord,
Suizid und Tötung in ein und dieselbe Kategorie –
«Mord». Daraus ergibt sich, daß Rechtsbruch und Mord,
wie auch immer begangen, schlecht sind. Von einem
Katholiken eine positive Einstellung zur künstlichen Geburtenregelung oder Abtreibung erwarten, hieße ihm ansinnen,
Mittel zu unerwünschten Zwecken zu billigen.

Viele Nichtkatholiken, die Gesundheitsrücksichten als
Rechtfertigungsgrund für eine künstliche Geburtenkon-

trolle akzeptieren, können dennoch glauben, daß der richtige Gebrauch des menschlichen Körpers göttlichem Gesetz unterliegt oder unterliegen soll. Daher sind sie womöglich auch gegen das Masturbieren und gegen die Anwendung empfängnisverhütender Mittel, wenn diese nur der Fleischeslust Vorschub leisten, oder gegen den von der Schwangeren selbst gewollten Abort, wenn er lediglich dem Karrierestreben dieser Frau dient.

Nicht weniger als das römisch-katholische, gründet auch das humanistische, weltliche Menschenbild auf bestimmten ethischen Voraussetzungen, zu deren wichtigsten gehört, dem menschlichen Embryo keine von der Mutter getrennte Existenz zuzuerkennen. Die Entscheidung, wann die «menschliche Existenz» beginnt – das heißt, wann das Baby als eine von der Mutter rechtlich getrennte Ganzheit zu betrachten ist –, muß eine willkürliche sein. Daher kann als Datum des Existenzbeginns beim Kinde der sechste Lebensmonat, wenn der Fötus lebensfähig wird, oder vielleicht der Zeitpunkt der Niederkunft angesetzt werden. Der springende Punkt ist, daß in der hier skizzierten Sicht der Uterusinhalt für eine gewisse Zeitspanne nach der Schwängerung als ein Teil des mütterlichen Körpers gilt. Nach dieser Definition kann es so etwas wie Mord an einem nicht lebensfähigen Fötus nicht geben.

Menschsein wird hier also als ein primär ethisches oder psychologisches Konzept aufgefaßt. Dies muß von einschlägigen theologischen oder biologischen Definitionen unterschieden werden. Zum Beispiel ist der theologischen (römisch-katholischen) Definition zufolge ein befruchtetes Ei menschlich, wie auch ein hirnloser Fötus menschlich ist. Nach biologischer Definition ist ein lebensfähiger Fötus, nicht aber ein befruchtetes Ovulum menschlich. Alle Definitionen sind in einem gewissen Grade willkürlich, wovon theologische, biologische und psycho-soziale Definitionen des Menschseins keine Ausnahme machen. Ich wollte mit dieser kurzen Erörterung nur an die (zwar selbst willkürlichen, indessen beschreib-, überprüf- und diskutierbaren) Kriterien erinnern, nach denen die Eigenschaften des Menschseins manchmal Organismen zugeschrieben, aber Menschen oft abgesprochen wird.

Im Rahmen einer Ethik, die für persönliche Autonomie, Verantwortlichkeit und Selbstvertrauen eintritt, würde die Entscheidung, ob eine Frau eine Abtreibung vornehmen lassen soll oder nicht, in erster Linie davon abhängen, ob sie den Abort wünscht oder nicht. Es wäre eine Angelegenheit ausschließlich ihrer selbst und ihres Arztes (und vielleicht des Gatten, wenn sie einen hat) – etwa so, wie es heute bei der persönlichen Entscheidung über eine chirurgische Operation der Fall ist. Demnach ist die Zulassung von immer mehr psychiatrischen Krankheiten als Rechtfertigungsgründe für therapeutische Abtreibungen nur dann ein liberalisierender Schritt, wenn wir uns grundsätzlich *gegen* das Prinzip der Abtreibung auf Wunsch der Schwangeren und alles, was es mit sich bringt, aussprechen. Wenn wir aber die Selbstbestimmung des Menschen über die Funktionen und Teile seines eigenen Körpers als einen integralen Aspekt unserer Ethik betrachten, ist es alles andere als wünschenswert, eine Gesetzgebung beizubehalten, die sich grundsätzlich gegen die Abtreibung richtet und nur die Zahl der Ausnahmeregelungen erhöht.

Ich sehe es als einen schweren Fehler an, psychiatrisches Eingreifen wie beispielsweise bei der Abortindikation zuzulassen, solange noch gar nicht geklärt ist, was man für die erwünschten moralischen Grundlagen der Gesellschaft hält. Es gibt viele wichtige wissenschaftliche Aufgaben, zu deren Lösung man dringend psychiatrischen Wissens und Könnens bedarf. Psychiatrische Rechtfertigungen für Abtreibungen gehören daher in jene Klasse von Phänomenen, die dem Anschein nach wissenschaftliche oder technische, in Wirklichkeit aber strategische oder taktische sind[6].

IV

Nach meinen Überlegungen ist also der therapeutische Abort aus psychiatrischen Gründen eine Ausflucht und der Psychiater, der solche Abtreibungen ermöglicht, ein Schleichhändler in bestimmten, aber nicht deutlich ausgedrückten moralischen Werten. Diese These möchte ich nun ausbauen und vielleicht noch etwas verdeutlichen.

Genau gesagt treibt nicht der Psychiater einen Schleichhandel, wenn er einen Abort empfiehlt. Unterhalten wird das unüberschaubare, blühende Schmuggelgeschäft mit diesem Artikel von Ärzten und anderen, die illegale Eingriffe vornehmen. Doch obwohl der einem Abort Vorschub leistende Psychiater kein gewöhnlicher Schmuggler wie der Abtreiber selbst ist, kann man ihn als einen Schwarzhändler besonderer Art bezeichnen, nämlich als einen offiziell autorisierten. In seiner Rolle als Psychiater hat er kraft Gesetzes die Macht, ansonsten verbotene Handlungen zu erlauben. Eine ähnliche Rolle spielte der Arzt während der Prohibition. Er konnte geistige Getränke einschmuggeln, indem er sie verschrieb, und brauchte sie daher nicht erst aus Kanada einzuschleusen.

So ähnlich kann der Psychiater einen Abort liefern, ohne dazu gegen das Gesetz verstoßen zu müssen. Er darf ihn kraft seiner Vollmacht verschreiben, als wäre es eine Behandlung – vorausgesetzt, er hat bei der Schwangeren eine Geisteskrankheit diagnostiziert. Nehmen wir hier einmal an, daß es so etwas wie Geisteskrankheit nicht gibt. Wo stünden wir dann? Was würden wir denken, wenn wir feststellten, daß die Grundlagen für die Verschreibung des verbotenen Produkts – egal, ob Schnaps oder Abtreibung – fingiert oder erfunden sind? Wäre es dann nicht legalisierter Schmuggel?

Manche mögen dieses Argument entkräften wollen, indem sie bestreiten, daß psychiatrische Diagnosen fingiert oder aus den Fingern gesogen sind. Psychiatrische Krankheiten, so könnten sie einwenden, sind genauso wirklich wie medizinische Krankheiten. Das ist ein entscheidender Punkt. Ich kann hier nur betonen, daß ich die Idee der Geisteskrankheit für einen Mythos halte[7]. Dies behauptend, will ich gar nicht die Binsenwahrheit leugnen, daß Menschen an den Schwierigkeiten, die ihnen das Leben als Bewältigungsaufgabe bereitet, leiden und Schaden nehmen können. Aber eines dürfen wir nicht vergessen: Geisteskrankheiten sind nur die Namen, mit denen wir bestimmte Lebensstrategien und deren Konsequenzen belegen. Wenn das stimmt, resultieren die in der Gesamtheit des sozialen Seins auftretenden Verhaltensformen, die wir als Geisteskrankheit definieren – das heißt, die Strategien, denen wir diesen Stempel aufzudrücken belieben – aus einer zutiefst moralischen und strategischen Entscheidung. Ich werde diesen Aspekt der Psychiatrie kurz anhand eines tatsächlichen Falles veranschaulichen, wobei ich die Episode aus dem Gedächtnis, aber in der Substanz nach bestem Wissen korrekt wiedergebe.

Vor einigen Jahren ereignete sich infolge einer ungesetzlichen Abtreibung in einer Stadt an der amerikanischen Ostküste eine Tragödie, die damals viel Staub aufgewirbelt hat. Hier kurz die Fakten. Gegen den Wunsch der Eltern heiratete eine Frau aus wohlhabender Familie einen armen jungen Mann. Nachdem sie zunächst schwanger geworden war und auch bald alle Illusionen über ihren Gatten verloren hatte, kehrte sie ins Elternhaus zurück und ließ mit Hilfe ihrer Mutter einen illegalen Abort vornehmen, an dessen Folgen sie starb. Die Rollen der Mutter und des Abtreibers machten diese Tragödie zu einer öffentlichen Affaire. Der Abtreiber mußte sich vor Gericht verantworten und erhielt eine Gefängnisstrafe. Die Mutter dagegen, von der es hieß, sie sei zutiefst niedergeschlagen gewesen, ging in ein Nervensanatorium. Trotz ihrer Mitschuld an der Tat hat man sie, soweit ich weiß, nie gerichtlich belangt. Vielleicht fand man, sie habe durch den Tod der

Tochter «genug» gelitten und wäre von einer zusätzlichen Strafe allzu schwer getroffen worden. So wurden Gnade und Straffreiheit unter dem Deckmäntelchen psychiatrischer Diagnose und Behandlung eingeschmuggelt.

Ich bin kein Befürworter des Rachegedankens in der Strafrechtspraxis, sondern möchte mit diesem Beispiel nur daran erinnern, daß es eine Frage der moralischen Konvention ist, was das Gesetz als Verbrechen oder als Geisteskrankheit betrachtet. In dem zitierten Beispiel glich der Abtreiber dem Bankräuber, der während eines Überfalls zufällig einen Wachmann tötete, und die Mutter dessen Komplizin, die den Fluchtwagen fuhr. Beide waren in dieselbe verbotene, «verbrecherische» Tat verwickelt – in dem einen Fall die rechtswidrige Entfernung eines Fötus aus der Gebärmutter, in dem anderen die rechtswidrige Entnahme von Geld aus einer Bank. Es ist absurd, nur jeweils den einen der beiden als Kriminellen zu betrachten und nicht den anderen auch. Doch genau das geschah mit dem Abtreiber und der gramgebeugten Mutter, und genau das geschieht allgemein im Zusammenhang mit der Strafverfolgung verbotener Abtreibungen.

Von psychologischer Warte aus könnte man argumentieren, daß es für eine Frau immer schädlich ist, wenn sie ein ungewünschtes Kind austragen muß. Danach ließe sich der Abtreibungswunsch jeder Frau als psychiatrischer Rechtfertigungsgrund einer Indikation auslegen. Wenn das zutrifft, ist der therapeutische Abort aus psychiatrischen Gründen eindeutig ein Schleichhandel. Hier werden unter dem Deckmantel medizinischer Diagnose, Behandlung und Vorbeugung gnädige Ausnahmen von einem ansonsten strengen Gesetz eingeschmuggelt, das Eingriffe in bestimmte physiologische Prozesse untersagt. Der wahre Charakter dieser Operation bleibt solange dunkel, wie die Ware nur in geringen Mengen schwarz gehandelt wird. Fände dies in einem größeren Umfang statt, würde es den gleichen Widerstand hervorrufen, der auch den gesetzlich verankerten Rechtsstandpunkt gegen das Prinzip der selbstbestimmten Abtreibung motiviert.

Damit habe ich beileibe nicht alle Anwendungsmöglichkeiten des Schmuggelmodells im Zusammenhang mit psychiatrischen Eingriffen aufgezählt. Zum Beispiel wäre zu zeigen, daß manche Psychiater, die therapeutische Abtreibungen befürworten und dabei in einer rein medizinischen Funktion aufzutreten vermeinen, unwissentlich als Handlanger des Gesetzgebers agieren. Es ist, als ob sie den Lastwagen mit geschmuggeltem Alkohol (Gnade) steuerten und die ganze Zeit glaubten, sie transportierten ein anderes, erlaubtes Produkt (psychiatrische Diagnose und Prophylaxe). Ein solcher Psychiater lindert die Gewissensbisse des Gesetzgebers betreffs von ihm geschaffener Gesetze, die ohne ihn für Menschen zu streng wären. Ein Beispiel liefert die Situation, in der das Opfer einer Vergewaltigung allein aus psychiatrischen Gründen zu einer Abtreibung berechtigt sein kann.

V

Ich habe auf die verborgenen sozialethischen Seiten des psychiatrisch-therapeutischen Aborts und ähnlicher Methoden des «Schleichhandels in Humanismus» aufmerksam zu machen versucht und dargelegt, daß mit dieser Schmuggel-Strategie weniger der Abort selbst «schwarz» verkauft wird als vielmehr das Recht der eigenen Entscheidung, ob man ein Kind in die Welt setzen will oder nicht. Das ist schlecht – wenn auch natürlich nicht ganz schlecht –, und wäre es nur deshalb, weil der bewußt erlebte Wunsch nach einer Gesetzesänderung um so schwächer wird, je besser der schwarze Markt ein gefragtes Produkt herbeizuschaffen weiß. Wir haben es hier mit einer Folge verständlicher menschlicher Trägheit zu tun. Dessen eingedenk, sollten wir besonders vorsichtig sein, ehe wir psychiatrische Vorwände zur Milderung von unseres Erachtens dummen oder lästigen Gesetzen gutheissen oder uns zu eigen machen. Denn sonst könnten wir dadurch unbeabsichtigterweise just die Reformen verzögern und hintertreiben, die wir wirklich brauchen und ersehnen.

Ich mag unsere Abtreibungsgesetze nicht und mißbillige sie, aber ich mag es auch nicht, wenn Gesetze unter allerlei Vorwänden umgangen werden. In aller Deutlichkeit gesagt: Ich bin nicht dafür, Patienten zu «helfen», indem für sie auf «Unzurechnungsfähigkeit» («Zurechnungsunfähigkeit») plädiert wird. Aus diesem Dilemma heraus habe ich die hier vorgelegten Gedanken entwickelt.

Freilich könnte einer kommen und einwenden: «Gut und schön, aber das Leben läßt sich nicht in einem sozialen Leerraum absolvieren. Bis geltendes Recht geändert ist, müssen wir nach den Gesetzen oder doch zumindest mit ihnen leben, müssen wir das Spiel nach den geltenden Regeln spielen.» Das wäre ein treffliches Argument auf der Ebene des praktischen Alltags. Ideale Grundsätze konsequent zu beachten ist schwierig. Manchmal sind Kompromisse notwendig. Nach dieser Feststellung wollen wir uns aber folgendes vor Augen halten: Je mehr wir unsere Ideale mit Kompromissen durchlöchern, je mehr wir Spiele nach geltenden Regeln spielen, und je mehr wir dabei unsere Spielfertigkeit vervollkommnen, desto schwächer werden unser Eifer, unser Interesse und auch unsere Fähigkeit, neue, dem Rang des zivilisierten Menschen gemäßere Spiele zu entwickeln und zu spielen.

4. Zurechnungsunfähigkeit vor Gericht

Im Jahre 1843 erschoß Daniel M'Naghten Mr. Edward Drummond, den Privatsekretär Sir Robert Peels, auf den es M'Naghten eigentlich abgesehen hatte. Die Verteidigung argumentierte mit Zurechnungsunfähigkeit. Es wurde augenscheinlich gemacht, daß «M'Naghten in der unsinnigen Wahnvorstellung befangen» war, von Feinden, darunter Peel, verfolgt zu werden. Lord Chief Justice (Lordoberrichter) Tindal war von dieser Evidenz so beeindruckt, daß er den Freispruch praktisch selbst in die Wege leitete. Die Geschworenen fanden M'Naghten seines Wahnsinns halber nicht schuldig[1]. So enden die meisten Versionen dieser Geschichte.

Aber was geschah mit M'Naghten weiter?

Auf den Freispruch hin, könnte der Leser meinen, wurde M'Naghten vom Gericht in Freiheit gesetzt. Genau das hat das englische Wort «acquittal» (Freispruch) bis 1843 bedeutet. Aber M'Naghtens «Freispruch» war eine Vorausnahme jenes Sprachverfalls, den schon Orwell als typisch für die modernen Bürokratien kennzeichnete. De jure wurde M'Naghten freigesprochen, de facto wurde er zu lebenslänglicher Haft in einem Irrenasyl verurteilt. Man steckte ihn zunächst in das Bethlehem Hospital und überführte ihn 1864 in das neu eröffnete Broadmoor-Institut für kriminelle Geisteskranke, wo er 1865 starb. Seine letzten zweiundzwanzig Lebensjahre hatte er also eingesperrt verbringen müssen. Nach englischer und amerikanischer Rechtstradition ist eine ungesetzliche Tat nur dann kriminell, wenn sie in verbrecherischer Absicht erfolgte. Auch sind nach dem Gesetz bestimmte geistesgestörte Personen, die ungesetzliche Taten begehen, nicht fähig, den notwendigen verbrecherischen Vorsatz zu fassen, und sollen daher «wegen Geistesgestörtheit» für unschuldig erklärt werden. Dieser Rechtsgedanke verlangt aber, daß Mittel und Wege gefunden werden, um Personen, die in verbrecherischer Absicht kriminelle Handlungen verüben, von jenen zu unterscheiden, die infolge einer Geisteskrankheit ohne besagten Vorsatz rechtswidrig handeln. Genau diesem Zweck dienen die psychiatrischen Zurechnungsfähigkeits-«Tests». Einer der ältesten heißt nach Daniel M'Naghten.

Was besagt der M'Naghten-Rechtsgrundsatz eigentlich? Er besagt: Eine Verteidigung auf Grund von Geistesgestörtheit setzt den eindeutigen Nachweis voraus, daß die beklagte Partei zu der Zeit, da sie die Tat beging, an einem geisteskrankheitsbedingten Verstandesschaden der Art litt, daß sie die Natur und die Qualität der Tat, die sie ausführte, nicht kennen konnte, oder daß sie, falls sie sie doch kannte, nicht wußte, daß sie mit ihr ein Unrecht beging.

1954 ersetzte der United States Court of Appeals for the District of Columbia laut einem Urteil von Richter David Bazelon den M'Naghten-Rechtsgrundsatz durch den später so genannten Durham-Rechtsgrundsatz[2]. In dieser Entscheidung heißt es: «Ein Angeklagter ist im strafrechtlichen Sinne nicht verantwortlich, wenn seine ungesetzliche Tat das Ergebnis einer geistig-seelischen Erkrankung oder einer geistigen Störung war.»[3]

1966 verkündete der United States Court of Appeals for the Second Circuit in einer Entscheidung Richter Irving R. Kaufmans ein Urteil, das den zuvor für den Gerichtsbezirk gültigen Rechtsgrundsatz durch einen neuen, vom American Law Institute empfohlenen Zurechnungsfähigkeitstest in Strafsachen ersetzte[4]. Kaufmans Verfügung zielte speziell gegen die Hervorhebung des «Verstandesschadens» im M'-Naghten-Rechtsgrundsatz und dekretierte: «Eine Person ist für kriminelles Verhalten nicht verantwortlich, wenn sie zur Zeit dieses Verhaltens infolge einer geistig-seelischen

Krankheit oder Schädigung der zuverlässigen Fähigkeit ermangelt, entweder die Unrechtmäßigkeit ihres Verhaltens einzusehen oder ihr Verhalten mit den Erfordernissen des Gesetzes in Einklang zu bringen.»[5]

Diese neuen Tests der strafrechtlichen Verantwortlichkeit spiegeln eine seit langer Zeit bestehende Unzufriedenheit juristischer und psychiatrischer Kreise mit dem M'Naghten-Rechtsgrundsatz wider, gegen den in der Formulierung Kaufmans hauptsächlich eingewandt wird, er stehe «nicht im Einklang mit der modernen medizinischen Wissenschaft, die ... jedes Konzept verwirft, welches den Geist in die Abteilungen Intellekt, Gefühle und Willen aufgliedert»[6]. Dies also war der Kern des Arguments gegen den M'Naghten-Rechtsgrundsatz: Er sei altmodisch und unwissenschaftlich.

Alle Zurechnungsfähigkeitstests in Strafsachen gehen davon aus, daß bei Menschen «Geisteskrankheiten» genannte Zustände «auftreten», die sie zu verbrecherischen Handlungen «veranlassen»[7]. So steht und fällt der Wert solcher Tests mit dem Sinn oder Unsinn dieser ihrer Prämisse.

II

Was für eine Krankheit ist «Geisteskrankheit»? Führende Mediziner, Psychiater, Staatsmänner, Pädagogen, Industrielle und Arbeitnehmervertreter werden nicht müde zu verkünden, daß «Geisteskrankheit (eine Krankheit) wie jede andere Krankheit» sei. Oft fügen sie noch hinzu: «Geisteskrankheit ist das Gesundheitsproblem Nummer eins der (amerikanischen) Nation». Diese Bedeutung scheinen der Geisteskrankheit diejenigen, die an ihr leiden oder leiden mögen, nicht beizumessen. 1966 erbrachte eine Gallup-Umfrage zu der Frage «Welche Krankheit oder welches Leiden fürchten Sie am meisten?» folgende Resultate: An der Spitze der Liste Krebs (62 Prozent) und Blindheit (18 Prozent), ganz zuunterst spinale Kinderlähmung (3 Prozent) und Taubheit (1 Prozent) - und überhaupt nicht genannt wurde Geisteskrankheit[8]. Dieses Paradoxon erklärt sich aus dem Wesen der modernen Psychiatrie und ihrer Auffassung von der Geisteskrankheit. Harold Visotsky, Direktor des Psychohygieneamtes für Illinois, sieht als Hauptanliegen der gegenwärtigen Psychiatrie u. a. «Jugendkriminalität, Schulprobleme, Probleme der urbanen Gebiete, Konflikte im Bereich des Gemeinwesens, Ehe- und Familienberatung und Programme zur Förderung von Glück und Wohlbefinden»[9]. J. Sanbourne Bockoven, Direktor des Cushing Hospital in Framingham (US-Staat Massachusetts), räumt freimütig ein: «Der als ‹geisteskrank› bezeichnete Zustand ist in erster Linie, grundsätzlich und im wesentlichen weniger eine Angelegenheit oder ein Verantwortungsbereich der Medizin als vielmehr ein hochwichtiges Anliegen des ... Staates»[10]. Diese Verlautbarungen prominenter Psychiater – und man könnte noch viele ähnliche Urteile anführen – verdeutlichen den Aktionsradius der modernen Psychiatrie und die Sorte «Krankheiten», die ihre Praktiker behandeln. In welchem Sinne also ist ein «Geisteskranker» krank? Um diese Frage zu beantworten, müssen wir uns einmal anschauen, auf was für verschiedenen Wegen man zu sozialen Rollen kommt. Manche Rollen werden ererbt (wie zum Beispiel die Rolle des Herrschers in der Erbmonarchie), andere werden freiwillig angenommen (wie zum Beispiel die des Universitätsstudenten), und wieder andere werden dem Betreffenden gegen seinen Willen zugeschrieben (wie zum Beispiel die des überführten Verbrechers).

Typisch ist für die Rolle des medizinischen Patienten, daß sie aus freien Stücken übernommen wird. Normalerweise geht, wer an Schmerzen, Beschwerden oder Behinderungen leidet, von sich aus zu einem Arzt und läßt sich von ihm untersuchen. Die Diagnose, sagen wir Diabetes mellitus

(Zuckerkrankheit), ist der Name, die der Arzt der Krankheit des Patienten gibt.

Wenn ich hier eine anscheinend ziemlich selbstverständliche, von persönlichen Beschwerden zur medizinischen Diagnose führende Ereigniskette beschreibe, so will ich damit zeigen, daß wir, wenn wir von Krankheit sprechen, oft zwei völlig verschiedene Dinge meinen – erstens eine bestimmte («regelwidrige») biologische Verfassung des Betreffenden, und zweitens, daß er eine bestimmte («abweichende») soziale Rolle innehat. Der oben erwähnte, hypothetische Patient zeigt Anzeichen und Symptome seines biologischen Zustands (zum Beispiel Zucker im Urin und Gewichtsverlust) und bekleidet die Krankenrolle (beispielsweise sucht er einen Arzt auf und befolgt dessen therapeutische Ratschläge). Es sei hier eigens darauf hingewiesen, daß biologische Zustände unabhängig davon existieren, ob sie von Menschen beobachtet und erkannt werden oder nicht, wohingegen soziale Rollen nur insoweit existieren, als Menschen sie beobachten und erkennen.

Während die Rolle des *medizinischen* Patienten typischerweise freiwillig übernommen (und wohl nur dem Bewusstlosen mitunter vielleicht aufgenötigt) wird, kann die Rolle des *geisteskranken* Patienten entweder freiwillig übernommen oder dem Betreffenden gegen seinen Willen aufgezwungen werden. Wenn ein Mensch freiwillig in die Rolle des Geisteskranken schlüpft – zum Beispiel, indem er einen Psychotherapeuten in dessen Praxis aufsucht –, spielt er im wesentlichen dieselbe soziale Rolle wie der medizinische Patient oder meinetwegen wie jeder Auftraggeber, der sich die Dienstleistungen eines Fachmannes kauft. Wenn allerdings ein Individuum wider seinen Willen, zum Beispiel durch Einweisung in eine Heilanstalt, in die Rolle des Geisteskranken gedrängt wird, ähnelt seine soziale Rolle am stärksten der des zu einer Haftstrafe verurteilten Verbrechers.

III

Die Psychiatrie und das Gesetz wollen definieren, welche Rollen sozial legitim sind und welche nicht, sowie zur Anpassung an die vorgeschriebenen Rollen zwingen. Die Institutionale Psychiatrie dringt auf Rollenkonformität, indem sie Rollenabweichung als Geisteskrankheit definiert, die mit Hospitalisierung bestraft wird. Wenn beispielsweise eine arme, ungebildete, überlastete Hausfrau aus ihrem Packeseldasein in den Anspruch flüchtet, sie sei die heilige Jungfrau Maria, bezeichnet der Psychiater diese Frau als «krank» und behindert sie dadurch im Spielen der Rolle, die sie sich ausgesucht hat[11]. Rollenspielvereitelung dieses Typs, untermauert durch die Zwangsmaßnahme der Anstaltsunterbringung, entspricht dem Verbot der Bankräuber-Rolle, untermauert durch die Zwangsmaßnahme der Gefängnishaft.

Warum wird nicht jedes sozial unerwünschte Verhalten vom Gesetz ausdrücklich untersagt und mit Strafe bedroht? Und warum ist nicht jedes andere Verhalten statthaft? Solche Fragen sind geboten, wenn wir in unser Thema tiefer eindringen wollen. Hier müssen wir uns mit der Bemerkung begnügen, daß unsere Zeit geradezu leidenschaftlich bestrebt zu sein scheint, Problemen von Gut und Böse auszuweichen, und daß sie deshalb die Rhetorik der Medizin der Rhetorik der Moral vorzieht. Es ist, als hätten moderne Richter genau die Unfähigkeit entwickelt, die ihre Vorgänger M'Naghten zuschrieben. Daniel M'Naghten, erfahren wir, konnte Recht nicht von Unrecht unterscheiden. Viele Richter, das dürfen wir aus ihren Worten und Taten ableiten, ziehen es vor, zwischen Recht und Unrecht nicht zu unterscheiden. Sie reden von Psychohygiene und Geisteskrankheit statt von Gut und Böse, und sie verhängen die Strafe der Anstaltseinweisung anstelle einer Haftstrafe.

In dem oben erwähnten Fall vor dem United States Court of Appeals for the Second Circuit war das moralische Problem schwieriger auszusparen als sonst, aber es wurde ausgespart. Der Angeklagte Charles Freeman war des Heroinverkaufs schuldig befunden worden. Er aber erklärte sich für nicht schuldig, weil geisteskrank. In seinem Aufhebungsbeschluß ließ der Gerichtshof die Möglichkeit offen, daß bei Freeman nach den neuen Maßstäben auf Geisteskrankheit erkannt werden könnte. Doch wenn es je ein moralisches Problem gegeben hat, dann dieses. Der Fall wirft die Grundsatzfrage auf, ob Heroinverkauf gut oder schlecht ist und ob ein solches Verhalten gesetzlich verboten werden sollte oder nicht. (Wenn wir statt Heroin Zigaretten, Alkohol, Kanonen, Mittel zur Geburtenregelung oder wertlose Drogen setzen, gewinnen wir eine breitere Perspektive zu dem Problemtyp, mit dem wir uns hier befassen müssen.) Richter Kaufmans Entscheidung ist genau deshalb signifikant, weil sie den Akzent vom Moralischen auf das Medizinische verlagert. Darin wird sie beispielhaft für jenen «hysterischen Optimismus», der nach Richard Weaver «obwalten wird, bis die Welt die Existenz des Tragischen wieder zugibt, und das kann sie erst dann, wenn sie wieder zwischen Gut und Böse unterscheidet»[12].

Geisteskrankheit gleicht der medizinischen Krankheit so wenig wie die Nervenklinik dem medizinischen Krankenhaus. In der heutigen amerikanischen Gesellschaft befindet sich der medizinische Patient dem Krankenhaus gegenüber in der Situation des Käufers vor einem Verkäufer. Der Kunde braucht keine Ware zu erstehen, die er nicht erstehen will. Gleichermaßen braucht ein Kranker nicht ins Krankenhaus zu gehen oder sich operieren oder durchleuchten oder mit Drogen behandeln lassen, wenn er es nicht will[13]. Der Patient muß «in voller Kenntnis der Sachlage» zustimmen, daß sein Arzt bei ihm dieses oder jenes diagnostische oder therapeutische Verfahren anwende, denn ohne diese Einwilligung ist eine solche ärztliche Maßnahme ein unbefugter Eingriff in den Körper des

Patienten, der gegebenenfalls sowohl zivil- als auch straf-
rechtliche Konsequenzen haben wird.

Man könnte meinen, daß die Pflege und Behandlung von
Patienten mit ansteckenden oder übertragbaren Krankheiten eine bezeichnende Ausnahme von dieser Regel darstelle,
aber dem ist nicht so. Beispielsweise heißt es im *New York
Public Health Law* (Paragraph 2223): «1. Jeder Tuberku-
losekranke, der sich seines Auswurfs, Speichels oder einer
anderen Absonderung oder Ausscheidung seines Körpers so
entledigt, daß er eine andere Person oder andere Personen,
die dasselbe Zimmer oder Appartement oder Haus oder
denselben Teil eines Hauses bewohnt (bewohnen), in ihrem
Zartgefühl verletzt oder gefährdet, soll auf die Beschwerde
jeder daran Anstoß nehmenden oder dadurch gefährdeten
Person oder Personen einer (gemeinschädlichen) Unzuträglichkeit für schuldig befunden werden; ferner können alle
einer solchen Unzuträglichkeit ausgesetzten Personen die
Beschwerde persönlich oder schriftlich beim örtlich zuständigen Gesundheitsbeamten des Bezirks vorbringen, wo die
beanstandete Unzuträglichkeit stattgefunden hat. 2. Der ört-
liche Gesundheitsbeamte, dem eine solche Beschwerde zu-
geht, soll verpflichtet sein, dieselbe zu untersuchen, und
wenn die beanstandete Unzuträglichkeit geeignet scheint,
irgendeine im gleichen Zimmer, Appartement, Haus oder
Teil eines Hauses wohnende Person in ihrem Zartgefühl zu
verletzen oder zu gefährden, soll er die beschuldigte Person
benachrichtigen, in der Mitteilung die angebliche Ursache
des Ärgernisses oder der Gefährdung benennen und die
Person auffordern, sich ihres Auswurfs, Speichels oder anderer Absonderungen oder Ausscheidungen ihres Körpers
so zu entledigen, daß plausible Anstoß- oder Gefahrenursa-
chen hinfort nicht mehr gegeben sind. 3. Wer den Maßnahmen oder Verfügungen des örtlichen Gesundheitsbeamten,
der ihn zur Abstellung einer solchen Unzuträglichkeit auf-
fordert, nachzukommen versäumt oder sich weigert, soll
eines strafbaren Vergehens schuldig befunden und auf die

diesbezügliche Verurteilung hin mit einer Geldbuße bis zu zehn Dollar belegt werden.» Mit keiner einzigen Bestimmung ermächtigt das Gesetz Tuberkulosekrankenhäuser, Patienten gegen deren Willen festzuhalten und zu behandeln.

Das Gegenteil dieser Situation ist die Lage des unfreiwillig hospitalisierten Geisteskranken. (Annähernd 90 Prozent der in den Vereinigten Staaten hospitalisierten Geisteskranken befinden sich gegen ihren Willen in der Anstalt[14].) Kraft der ihm vom Staat verliehenen Macht kann der Arzt den geisteskranken Patienten zwingen, sich einer psychiatrischen Inhaftierung sowie als Therapie ausgegebenen Eingriffen zu fügen[15].

Es läßt sich nachweisen, daß vom Standpunkt des Betroffenen aus gesehen die Unterbringung in einer Nervenklinik unerfreulicher ist als eine Gefängnishaft. «Einer meiner Klienten, der die Gefängnissysteme Floridas, Georgias, Virginias und Marylands aus eigener Erfahrung kennt ... erzählte mir todernst, ihm wäre ein ganzes Jahr in irgendeinem dieser Gefängnisse lieber als sechs Monate in der alten Howard Hall (am St. Elizabeths Hospital in Washington, D.C.).»[16] Das sagte Hugh J. McGee, Vorsitzender des Committee on Mental Health der Bar Association des Distrikts von Columbia, 1961 vor einem Senatsausschuß in Anhörungen über «Die Verfassungsrechte der Geisteskranken». 1963 äußerte McGee vor demselben Ausschuß noch entschiedener: «Die (Psychiater) strafen ihn (den Beklagten), indem sie ihn in einer geschlossenen Abteilung verwahren ... was ... nicht nur auf eine verfassungswidrige Beschneidung der persönlichen Freiheit hinausläuft, sondern auch auf eine grausame und unmenschliche Bestrafung. Der Court of Appeals (Berufungsinstanz) hat Personen, die sich einer Geisteskrankheit wegen als nicht schuldig betrachten, ausdrücklich zu Bürgern zweiter Klasse herabgestuft. Wenn eine Person einräumt ... daß sie möglicherweise eine Geisteskrankheit gehabt habe, die sie zu ihrem kriminellen Verhalten veranlaßte . . . verliert sie ihre Rechte – alle Rechte. Sie verliert mehr Rechte als ein Verbrecher im Zuchthaus.»[17]

Nach den Anstaltsunterbringungsgesetzen des Staates New York darf sich ein wegen eines strafbaren Vergehens und bestimmter Schwerverbrechen festgenommener Süchtiger vor seinem Prozeß «freiwillig» zu einem maximal dreijährigen «Kur»-Aufenthalt in einer Nervenklinik melden[18]. So kann er sich das Gefängnis und ein Strafregister ersparen, da die Anklage gegen ihn dann abgewiesen wird. In der Praxis haben sich von vier festgenommenen Süchtigen weniger als einer für die Anstalt entschieden, und ein großer Prozentsatz der Eingelieferten ist vorzeitig wieder geflohen[19].

Krankenhäuser für kriminelle Geisteskranke sind besonders unerfreulich. Im März 1966 sprach der New Yorker Court of Claims einem 57 jährigen Mann, der als Sechzehnjähriger für 5 Dollar Zuckerzeug gestohlen hatte und daraufhin die nächsten 34 Jahre in Heil- und Pflegeanstalten zubringen mußte, 115 000 Dollar zu[20]. In seiner Entscheidung charakterisierte Richter Richard S. Heller das Dannemora State Hospital, dessen Insasse der Anspruch erhebende Stephen Dennison 24 Jahre lang gewesen war, als eine Institution, die «zwar Krankenhaus genannt wird, (aber) im wesentlichen ein Gefängnis (ist) . . .»[21]. In diesem Krankenhaus, fuhr Richter Heller fort, wo man Dennison fraglos völlig «unrechtmäßig» eingekerkert hatte, «. . . wurde das Verhalten des Ansprucherhebenden in den Krankenakten wiederholt als paranoid oder als das bezeichnet, was der Laie Verfolgungswahn nennt. Wenn eine Person de facto ungerecht oder unbillig behandelt wird, kann man die Tatsache, daß sie die Ungerechtigkeit merkt, verübelt und mit entsprechenden Reaktionen beantwortet, wohl kaum als einschlägigen und triftigen Beweis für Paranoia oder paranoische Neigungen betrachten . . . In einem gewissen Sinne hat ihn die Gesellschaft als untermenschlich abgestempelt ... zum Wahnsinn getrieben und diesen dann zum Vorwand genommen, um ihn auf unbestimmte Zeit festzuhalten.»[22]

Den Tod ausgenommen, wird mit der unfreiwilligen psychiatrischen Hospitalisierung die schwerste Strafe verhängt, die unser Rechtssystem einem Menschen überhaupt zumessen kann, nämlich der Verlust der Freiheit. Das Bestehen psychiatrischer Einrichtungen, die als Haftanstalten arbeiten, und richterlicher Urteile, die auf unbefristete Inhaftierung in solchen Gefängnissen hinauslaufen, sind der Hintergrund, vor dem alle Diskussionen über Fragen der strafrechtlichen Verantwortlichkeit Platz greifen müssen. Dies gilt besonders für eine Rechtsprechung, die die Todesstrafe nicht kennt. Denn was macht es aus, ob der Angeklagte zur Tatzeit «geistig gesund» und strafrechtlich verantwortlich (zurechnungsfähig) oder «geistesgestört» und daher nicht verantwortlich (zurechnungsunfähig) war oder nicht?

Die meisten Wörter und bestimmt alle bei Strafprozessen vor Gericht benutzten Vokabeln haben strategisches Gewicht. Ihre Bedeutung muß daher hauptsächlich von ihren Konsequenzen abgeleitet werden. Was daraus folgt, daß jemand sich «schuldig» oder «nicht schuldig» bekennt, ist klar und wird allgemein richtig eingeschätzt. Aber die Konsequenzen einer Verteidigung mit dem Argument «Nicht schuldig auf Grund von Geisteskrankheit» sind weder klar, noch werden sie allgemein verstanden. Es sind kurz gesagt folgende: Wenn das Verteidigungsargument Geisteskrankheit nicht verfängt und man den Angeklagten schuldig spricht, wird er nach gesetzlicher Vorschrift so ähnlich zu einer vom Richter bemessenen Strafe verurteilt wie in dem Falle, daß er irgend eine andere Einrede erhoben hätte. Wenn dem Verteidigungsargument der Geisteskrankheit stattgegeben wird, kann es je nach der Rechtsprechung zu unterschiedlichen Urteilen kommen. Zwei grundsätzliche Möglichkeiten bestehen. Die eine ist, daß ein Freispruch wegen Geisteskrankheit jedem anderen Freispruch gleichgestellt wird und der Angeklagte den Gerichtssaal als freier Mann verläßt. Das geschah mit dem fiktiven Helden in Robert Travers Anatomie eines Mordes[23]. Und das wäre mit Jack Ruby geschehen, wenn Melvin Bellis Verteidigungsstrategie Erfolg gehabt hätte[24]. Doch ein solcher Ausgang ist ungewöhnlich und wird von Tag zu Tag seltener.

Die andere Möglichkeit, die in den letzten Jahren immer stärker an Boden gewonnen hat, besteht darin, den auf Grund einer Geisteskrankheit Freigesprochenen als einen gefährlichen Irren zu behandeln, vor dem die Gesellschaft bis zum Äußersten geschützt werden muß. Statt den Gerichtssaal als freier Mann zu verlassen, kommt der Angeklagte sofort in ein Irrenhaus, wo er bleibt, bis er «geheilt» ist oder «für sich selbst und andere» keine «Gefahr» mehr darstellt[25]. Ein Beispiel für dieses Konzept und dieses Verfahren bietet im District of Columbia die Bestimmung: «Wenn eine wegen einer Straftat vor Gericht gestellte Person nur deshalb freigesprochen wird, weil sie zur Zeit der Verübung geisteskrank war, soll das Gericht ihre Unterbringung in einer Klinik für Geisteskranke anordnen.»[26] Der Rechtsgrundsatz des American Law Institute verkörpert dasselbe Prinzip der automatischen Einweisung. «In unserer gesamten Entscheidung haben wir», schrieb Richter Kaufman, «die Wahl nicht als eine solche zwischen Inhaftierung und sofortiger Freilassung gesehen. Nach unserer Auffassung ist die wahre Wahl vielmehr diejenige zwischen verschiedenen Formen der Institutionalisierung – zwischen Gefängnis und Nervenklinik. So liegt dem heutigen Urteil unsere Überzeugung zu Grunde, daß eine Behandlung der wirklich nicht voll Verantwortlichen in Heil- und Pflegeanstalten den Interessen der Gesellschaft wie denen des Angeklagten besser dienen würde.»[27] Man überlege sich einmal genau, was das bedeutet. Der Richter hält den Angeklagten für geistig-seelisch in der Lage, sich vor Gericht zu verantworten; er erlaubt ihm, eine Verteidigung vorzubringen und sich nach bestem Vermögen zu verteidigen, und er findet den Angeklagten geistig gesund genug, um ihn im Falle eines Schuldspruchs zu einer Zuchthaushaft verurteilen zu können. Aber sollte auf «unschuldig auf Grund von Geisteskrankheit» erkannt werden, verwandelt dieses Votum den Angeklagten im Handumdrehen in eine «wirklich nicht voll verantwortliche» Person, die in eine Nervenklinik einzuweisen der Richter sich berechtigt sieht. «In früheren Tagen pflegten barmherzige Leute, wenn vorgeschlagen wurde, Atheisten zu verbrennen, anzuregen, man solle sie statt dessen ins Irrenhaus sperren: es wäre nicht überraschend, dies in unseren Tagen ausgeführt zu sehen, und es würde nicht überraschen, wenn die Täter noch sich selbst rühmten, weil sie, statt diese Unglücklichen um der Religion willen zu verfolgen, eine so humane und christliche Art ihrer Behandlung gewählt hätten; nicht ohne eine stille Genugtuung darüber, daß sie das erhalten haben, was sie verdienten.»[28] Dies schrieb John Stuart Mill in seinem berühmten Essay *Über Freiheit* – im Jahre 1859, als Freud erst drei Jahre alt war und es keine «wissenschaftliche Psychiatrie» gab, die das Problem der strafrechtlichen Verantwortung hätte «beleuchten» können.

Kurzum, man kann Zurechnungsfähigkeitsprüfungen im Strafprozeß nicht kritisch betrachten, ohne zu wissen, ob «Freispruch» nun die Freiheit oder die Anstaltsunterbringung bedeutet. Wichtiger als die semantischen Unterschiede zwischen dem M'Naghten-Rechtsgrundsatz und seinen Konkurrenten sind die persönlichen Konsequenzen für den Beklagten, wenn er mit seinem Verteidigungsargument «Geisteskrankheit» durchkommt. Tatsächlich dient die vorrangige Beschäftigung mit dem Wortlaut der verschiedenen Rechtsgrundsätze sowohl in allgemeinen als auch in fachlichen Erörterungen des Themas nur dazu, die Aufmerksamkeit von der Grundfrage der sozialen Kontrolle durch die Gerichtspsychiatrie abzulenken. Wo eine erfolgreiche Verteidigung mit Zurechnungsunfähigkeit die Ein-

weisung in eine Anstalt bedeutet, hat der gut unterrichtete
Angeklagte in der Tat nur selten das Gefühl, daß diese Ver-
teidigungslinie in seinem wohlverstandenen Interesse liegt.
Er wird diese Argumentation eher vermeiden wollen und
eine Gefängnisstrafe der «Behandlung» in einer Nervenklinik vorziehen.

V

Was würde in Rechtsprechungen, wo die Anstaltsunterbringung automatisch auf einen Freispruch wegen geistiger
Unzurechnungsfähigkeit folgt, wohl geschehen, wenn der
Angeklagte die zur Wahl stehenden Möglichkeiten klar begriffe? Ich wage die Voraussage, daß dann ein solcher Par-
teienvortrag sehr selten werden und vielleicht ganz und gar
unterbleiben würde. Obwohl dieser Ausgang der Dinge
wohl kaum der Zweck der «liberalisierten» Gesetzgebung
zur strafrechtlichen Verantwortlichkeit sein dürfte, würde
ich ihn begrüßen. Ich bin nicht der Ansicht, daß Geisteskrankheit ein «Entschuldigungsgrund» für ein Verbrechen
sein sollte. Je eher die Verteidigung mit Geisteskrankheit
abgeschafft wird, desto schneller wird sie auf Grund ihrer
bösen Konsequenzen für den Angeklagten verschwinden –
und desto besser für uns alle.
Doch selbst wenn der Angeklagte es vorzieht, sich nicht mit
Geisteskrankheit zu verteidigen, werden die staatlichen
Rechtspflegeorgane versucht sein, sich der Ärzte zu bedienen, solange das Gesetz den Medizinern die Macht zur Einkerkerung von Menschen in Heil- und Pflegeanstalten und
Nervenkliniken und Irrenhäuser gibt. Wie das vor sich
geht, konnte man im District of Columbia nach der Einführung des Durham-Rechtsgrundsatzes erleben. Da das Plä-
doyer «Nicht schuldig auf Grund von Geisteskrankheit»
einen unbefristeten Aufenthalt im St. Elizabeths Hospital
verbürgte, entschlossen sich die Richter in einigen Fällen,
dem Angeklagten ein Schuldbekenntnis und die Hinnahme

einer kleineren Gefängnisstrafe nicht zu gestatten, sondern sie bestanden darauf, daß er sich wegen einer Geisteskrankheit nicht schuldig bekenne und nach seinem «Freispruch» in die Anstalt eingewiesen werden möge[29]. In einer Entscheidung, die den mit hineinspielenden Verfassungsfragen auswich, verfügte der Supreme Court 1962, daß diese Taktik unzulässig sei und daß der Gerichtshof einem solchen Beklagten keine ungewollte Verteidigung mit Zurechnungsunfähigkeit unterschieben, sondern ein Anstaltseinweisungsverfahren einleiten solle[30]. Damit wird die Anstaltsunterbringung als gleichsam strafende Maßnahme unangetastet gelassen und überdies als verfassungsmäßige Alternative zu einer Gefängnisstrafe bestätigt.

Ob der Staat nach der Verfassung berechtigt ist, Bürger auf dem Umweg über die Nervenklinik um ihre Freiheit zu bringen, müssen die zuständigen Verfassungsinterpreten beurteilen. Bis jetzt halten die Gerichte eine solche Einsperrung für verfassungskonform. Indessen mögen wir uns daran erinnern, daß frühere Gerichte die Sklaverei verfassungsmäßig gefunden haben!

Unabhängig von Gerichtsentscheidungen müssen sich mündige Bürger in dieser Frage ihr eigenes Urteil bilden. Denn ungeachtet der Motive ist der Akt der Freiheitsberaubung ein moralischer und ein politischer. Das wird von den Befürwortern der Anstaltsunterbringung bestritten, die behaupten, daß die unfreiwillige Unterbringung einer Person in einer Heil- und Pflegeanstalt an sich eine therapeutische Maßnahme sei, oder, daß sie eine notwendige Bedingung für eine zweckmäßige psychiatrische Behandlung in dieser oder jener Form (zum Beispiel Elektroschock) sei. Nach dieser, von vielen Psychiatern geteilten Auffassung wäre eine Anstaltsunterbringung mit der Freiheitsbeschränkung zu vergleichen, die einem Patienten auf dem Operationstisch zwecks sachgemäßer Durchführung eines chirurgischen Eingriffs notwendigerweise auferlegt werden muß. Jedoch besteht zwischen diesen beiden Situationen der offenkundige Unterschied, daß der Chirurgiepatient in diese Beschränkung einwilligt, nicht aber der geisteskranke Patient. Wie also sollen wir uns entscheiden? Ist die Beschneidung der persönlichen Freiheit durch Anstaltsunterbringung Therapie oder Strafe?

Die medizinische Frage etwa, welches Arzneimittel zur Behandlung einer Pneumokokkenpneumonie angezeigt sei, wirft ein *technisches* Problem auf, das zu meistern vom Laien *nicht* erwartet werden *kann*. Ihm ist es bestenfalls möglich, einen kompetenten Fachmann hinzuzuziehen und dessen Rat zu befolgen oder zu ignorieren. Im Gegensatz dazu wirft die moralische Frage, ob es gerechtfertigt sei, die persönliche Freiheit einer Person einzuschränken, um sie wegen einer Geisteskrankheit zu behandeln, ein *ethisches* Problem auf, das der Laie bewältigen *kann*. Wenn er vor die Wahl zwischen Freiheit und – wie auch immer definierter – geistig-seelischer Gesundheit gestellt ist, muß er entscheiden, was ihm mehr bedeutet.

Wir haben keinen Grund zu hoffen, daß eine wissenschaftliche Psychiatrie uns moralische Probleme und moralische Entscheidungen ersparen wird. Wenn wir die Dinge mit dem Mut, der nur aus uns selber kommen kann, und mit den uns von Gott gegebenen Augen betrachten, werden wir die Gerichtspsychiatrie und die unfreiwillige Hospitalisierung Geisteskranker als das erkennen, was sie wirklich sind: ein pseudomedizinisches soziales Kontrollsystem. Psychiatrie dieser Art (und wir sollten nicht vergessen, daß sie nicht die einzige ist) dient ergeben dem bürokratischen Staat, sei er totalitär oder demokratisch. Für die sowjetische «wissenschaftliche Psychiatrie» war Valerij Tarsis geisteskrank, für die amerikanische «wissenschaftliche Psychiatrie» war Ezra Pound geisteskrank. Eine ihres Namens werte «wissenschaftliche Psychiatrie» muß damit beginnen, daß sie diese Tatsachen erklärt. Sie würde dabei übrigens nur sechzig Jahre hinter Jack London herhinken. Der Dichter schrieb über einen Bischof, der «des Heilands Gebot befolgt hatte und in ein Irrenhaus gesteckt wurde»[31]. Der Grund? «Seine Ansichten bildeten für die derzeitige Gesellschaftsordnung eine Gefahr, und die führenden Männer konnten sich nicht vorstellen, daß ein geistig gesunder Mensch so schädigende Meinungen aussprechen kann.»[32]

VI

Weder der M'Naghten-Rechtsgrundsatz noch der Durham-Rechtsgrundsatz noch der des American Law Institute ist «humanitär»; denn sie alle schränken die persönliche Verantwortung ein und schmälern damit die Menschenwürde. Und keiner von ihnen ist «liberal»; denn keiner fördert die Freiheit des Individuums vor dem Gesetz. Die jahrhundertealte Praxis, «Missetäter» mit Hilfe der Anstaltsunterbringung zu bestrafen, hat in unseren Tagen durch die Rhetorik der «wissenschaftlichen Psychiatrie» neuen Antrieb erhalten. Heutige Konzepte der «Geisteskrankheit» vernebeln die Widersprüche in unserem Befaßtsein mit einander zuwiderlaufenden Taktiken und Zielen – dem Individualismus, weil er Freiheit verheißt, und dem Kollektivismus, weil er Sicherheit verspricht. Mit der Psychohygieneethik leistet die Psychiatrie also dem reibungslosen Funktionieren der bürokratischen Massengesellschaft Vorschub und liefert ihre kennzeichnende Ideologie. Dieser Ideologie zufolge kann der Verlust der Freiheit entweder Strafe oder Therapie sein: Vergeht sich das Individuum «aus Schlechtigkeit», ist der Verlust der Freiheit Strafe, resultiert das Vergehen aus einer «Krankheit», ist er Therapie. Diese Auffassung sieht Abweichung als Krankheit, nicht als Schlechtigkeit, und das Individuum als Patienten und nicht als Bürger.

Die psychiatrische Perspektive zu Lebensproblemen verschleiert unser grundlegendes moralisches Dilemma, nämlich die charakteristische Entscheidung, ob wir freie Menschen oder Sklaven sein wollen. Wählen wir die Freiheit, können wir unseren Mitmenschen nicht daran hindern, auch frei sein zu wollen; wählen wir die Sklaverei, können wir ihn nichts anderes sein lassen als einen Sklaven.

Letztlich sind die Verteidigung mit Geisteskrankheit und das diesbezügliche Verdikt im Verein mit den Haftstrafen, die «Behandlungen» genannt und in sogenannten «Kliniken» vollzogen werden, sämtlich Teile des vielschichtigen Baus der Institutionalen Psychiatrie. Und die ist, wie ich zu zeigen versucht habe, nur die als Therapie getarnte Sklaverei. Wer aber die individuelle Freiheit liebt und verteidigen will, kann sich mit nicht weniger zufriedengeben als der Abschaffung dieses Verbrechens gegen die Menschlichkeit[33].

5. Anstaltsunterbringung Geisteskranker wider ihren Willen – ein Verbrechen gegen die Menschlichkeit

Schon seit geraumer Zeit vertrete ich die Ansicht, daß die unfreiwillige Unterbringung von Personen in Nervenkliniken eine Form der Einkerkerung[1] ist, daß eine solche Freiheitsberaubung den in der Unabhängigkeitserklärung und in der Verfassung der Vereinigten Staaten von Amerika niedergelegten, moralischen Grundsätzen widerspricht[2], und daß sie auf das krasseste zeitgenössische Auffassungen von den menschlichen Grundrechten mißachtet[3]. Man kann die Praxis, daß «normale» Menschen ihre «geisteskranken» Mitmenschen in «Nervenkliniken» einsperren, mit der Versklavung der Schwarzen durch die Weißen vergleichen. Kurzum, ich halte die Anstaltsunterbringung für ein Verbrechen gegen die Menschlichkeit.

Bestehende soziale Einrichtungen und Bräuche werden zumal dann, wenn sie schon ehrwürdig lange existieren, allgemein als gut und wertvoll erlebt und gebilligt. Jahrtausende hindurch galt die Sklaverei als eine «natürliche» soziale Einrichtung zur Beschaffung menschlicher Arbeitskräfte, und öffentliche Meinung, religiöses Dogma, Kirche und Staat hießen sie gut[4]. Sie wurde in den Vereinigten Staaten erst vor einhundert Jahren abgeschafft und ist in einigen Teilen der Welt, vor allem in Afrika[5], noch immer gängige soziale Praxis. Die Anstaltsunterbringung Geisteskranker erfreut sich seit ihrem Aufkommen vor annähernd dreihundert Jahren einer ähnlich breiten Unterstützung. Ärzte, Anwälte und Laien haben wie aus einem Mund die therapeutische Erwünschtheit und die soziale Notwendigkeit der Institutionalen Psychiatrie bestätigt. Gegen meine Behauptung, daß die Anstaltsunterbringung ein Verbrechen gegen die Menschlichkeit ist, kann folglich eingewendet werden (und wurde auch eingewendet), daß das Verfahren erstens den Geisteskranken zuträglich und zweitens zum Schutze der geistig-seelisch gesunden Mitglieder der Gesellschaft unentbehrlich sei.

Anschauungsmaterial für das erste Argument enthält Slovenkos Satz: «Wer die Krankenhauseinweisungspraxis ausschließlich auf die freiwillig erteilte Zustimmung des Einzuliefernden stützen will, übersieht die Tatsache, daß manche Personen womöglich in Obhut und Pflege genommen zu werden wünschen, diesen Wunsch aber nicht direkt mitteilen können»[6]. Damit wird die Einkerkerung in Nervenkliniken hier – von einem Professor der Rechtswissenschaft! – als ein Dienst hingestellt, den der Staat Personen leistet, weil sie dies «wünschen», leider aber nicht zu erbitten verstehen. Felix verteidigt die unfreiwillige Hospitalisierung Geisteskranker mit der schlichten Feststellung: «Wir (Psychiater) befassen uns *tatsächlich* mit Erkrankungen des Geistes» (Kursiv Felix)[7].

Anschauungsmaterial für das zweite Argument liefert Guttmacher, wenn er mein Buch *Law, Liberty, and Psychiatry* «ein verderbliches Werk» nennt, das «in den Familien von Psychiatriepatienten mit Sicherheit unerträgliche und unberechtigte Angst auslösen wird»[8]. Damit gibt er zu, daß die Familien von «Psychiatriepatienten» häufig auf Gewaltanwendung zurückgreifen, um ihre «Lieben» zu lenken, und daß es peinliche Betroffenheit und Schuldgefühle hervorruft, wenn auf diese Usancen aufmerksam gemacht wird. Andererseits definiert Felix ganz einfach den Schutz der Gesellschaft als die Pflicht des Psychiaters: «Der Psychiater von morgen wird das sein, was sein Seitenstück heute ist – ein Wächter an den Pforten der Gemeinschaft»[9].

Diese konventionellen Erklärungen des Wesens und der praktischen Zwecke der Einweisungspraxis sind allerdings nichts weiter als kulturell gebilligte Rechtfertigungen für bestimmte, quasi-medizinische Formen der sozialen Lenkung, angewandt vor allem gegen Individuen und Gruppen, deren Verhalten zwar nicht gegen Strafgesetze verstößt, wohl aber bestehende soziale Werte bedroht.

II

Worin liegt der Beweis, daß die Anstaltsunterbringung nicht der Hilfe oder Behandlung von Menschen dient, deren Verhalten von herrschenden sozialen Normen oder moralischen Maßstäben abweicht oder sie gefährdet, und die, da sie ihren Familien, Nachbarn oder Vorgesetzten Ungelegenheiten bereiten, als «geisteskrank» inkriminiert werden können?

1. *Der medizinische Beweis.* Geisteskrankheit ist eine Metapher. Wenn wir mit «Krankheit» eine Störung des menschlichen Körpers als physikalisch-chemische Maschine meinen, sagen wir damit, daß das, was wir funktionale Geisteskrankheiten nennen, ganz und gar keine Krankheiten sind[10]. Personen, die angeblich an solchen Störungen leiden, sind soziale Abweichler oder sozial nicht recht tauglich oder befinden sich im Konflikt mit Individuen, Gruppen oder Institutionen. Da sie an keiner Krankheit leiden, kann man sie auch unmöglich wegen einer solchen «behandeln».

Gewöhnlich wird der Begriff «geisteskrank» nur auf Menschen ohne ein körperliches Leiden angewandt, manchmal aber auch auf körperlich Kranke (zum Beispiel Personen mit einer Alkohol- oder einer anderen Drogenvergiftung, oder ältere Leute mit einer degenerativen Gehirnkrankheit). Wenn nun jedoch Patienten mit nachweisbaren Gehirnkrankheiten gegen ihren Willen hospitalisiert werden, dann vorrangig deshalb, weil man ihr Verhalten sozial kontrollieren will[11]. Der Behandlung des Leidens kommt bestenfalls zweitrangige Bedeutung zu. Oft gibt es gar keine Therapie, und dann bezeichnet man einfach die Anstaltsunterbringung als «Behandlung».

Kurzum, die Hospitalisierung von Menschen mit sogenannten «funktionalen Psychosen» dient moralischen und sozialen, nicht aber medizinischen und therapeutischen Zielen. Daher würde mein Argument gegen die unfreiwillige Anstaltsunterbringung Geisteskranker selbst dann noch zutreffen, wenn künftige Forschungen einmal den «organischen» Charakter bestimmter, heute für «funktional» gehaltener Geisteskrankheiten aufzeigen sollten.

2. *Der moralische Beweis.* In freien Gesellschaften beruht die Beziehung zwischen Arzt und Patienten auf der rechtlichen Voraussetzung, daß dem Individuum der eigene Körper und die eigene Persönlichkeit «gehören»[12]. Der Arzt kann einen Patienten nur mit dessen Einwilligung untersuchen und behandeln; der Patient kann die Behandlung (beispielsweise eine Krebsoperation) ablehnen[13]. Nach dem Tode geht der Leib des Verschiedenen «in das Eigentum» der Erben über; so muß der Arzt für eine Leichenöffnung die Einwilligung der Angehörigen des Patienten einholen. Das hat John Stuart Mill ausdrücklich mit der Bemerkung unterstrichen: «Jedermann ist der zuständige Hüter seiner eigenen Gesundheit, ob körperlich oder geistig und seelisch»[14]. Anstaltsunterbringung ist mit diesem moralischen Grundsatz nicht zu vereinbaren.

3. *Der historische Beweis.* Die Einweisungspraxis florierte lange, bevor es psychiatrische «Behandlungen» für «Geisteskrankheiten» überhaupt gab. Tatsächlich war Irrsinn oder Geisteskrankheit gar nicht immer die notwendige Voraussetzung einer Anstaltsunterbringung. Im 17. Jahrhundert zum Beispiel galten «Kinder von Handwerkern und anderen armen Einwohnern von Paris bis zum Alter von fünfundzwanzig Jahren . . . Mädchen, (die) verführt worden waren oder offensichtlich in der Gefahr schwebten, verführt zu werden . . .» nebst anderen «misérables» der Gemeinde wie Epileptiker, Geschlechtskranke und Arme mit allen möglichen chronischen Leiden als durchaus geeignete Objekte für die Einlieferung in das Hôpital Général[15].

Und als 1860 Mrs. Packard wegen Unstimmigkeiten mit ihrem Gatten eingesperrt wurde[16], hieß es in den Einweisungsbestimmungen des Staates Illinois ausdrücklich: «Verheiratete Frauen ... können ohne den in anderen Fällen erforderlichen Nachweis einer Geisteskrankheit auf Ansuchen des Ehemannes oder des Vormunds der Frau ... in das Hospital eingeliefert oder dort festgehalten werden»[17]. Zweifellos ist es kein Zufall, daß dieses Stück Gesetzgebung ungefähr um die gleiche Zeit erlassen und praktiziert wurde, als Mill sein Essay *Die Hörigkeit der Frau* veröffentlichte[18].

4. *Der literarische Beweis.* Die unfreiwillige Hospitalisierung Geisteskranker spielt in zahlreichen Kurzgeschichten und Romanen der Literaturen vieler Länder eine wichtige Rolle. Jedes mir bekannte Werk dieser Art schildert die Anstaltsunterbringung nicht als eine Hilfe für den Insassen, sondern stets als eine Maßnahme, die völlig anderen Interessen dient als denen der sogenannten Patienten[19].

III

Die Behauptung, die Einsperrung der «Geisteskranken» diene dem unerläßlichen Schutze der «geistig Gesunden», ist schwieriger zu entkräften – aber nicht, weil sie stimmte, sondern weil die vermeinte Gefährlichkeit «geisteskranker Patienten» so außerordentlich vager Natur ist.

1. *Der medizinische Beweis.* Hier gilt die gleiche Beweisführung wie früher: Wenn «Geisteskrankheit» keine Krankheit ist, gibt es keine medizinische Rechtfertigung für einen Schutz vor der Krankheit. Daher verfängt die Analogie zwischen Geisteskrankheit und ansteckender Krankheit nicht. Die Rechtfertigung für eine Isolierung oder eine anderweitige Beschränkung der Freiheit von Patienten mit Tuberkulose oder Typhus kann nicht auf Patienten mit einer «Geisteskrankheit» übertragen werden.

Da die heute vorherrschende, psychiatrische Geisteskrankheitsauffassung Krankheit als biologischen Zustand nicht von Krankheit als sozialer Rolle unterscheidet[20], ist diese Sicht der Dinge nicht nur falsch, sondern auch gefährlich irreführend, zumal dann, wenn sie zur Rechtfertigung sozialen Handelns dient. Nach dieser Auffassung also wird der Geisteskrankheit ungeachtet ihrer (anatomischen, genetischen, chemischen, psychologischen oder sozialen) «Ursachen» eine «objektive Existenz» zuerkannt. Entweder hat eine Person eine Geisteskrankheit, oder sie hat sie nicht; sie ist entweder geisteskrank oder geistig gesund. Selbst wenn eine Person gegen ihren Willen in die Rolle des geisteskranken Patienten gedrängt wird, existiert ihre «Geisteskrankheit» objektiv; auch wenn der Betreffende, wie es bei so genannten VIPs («hohen» oder «großen Tieren») der Fall ist, niemals als ein geisteskranker Patient behandelt wird, existiert seine «Geisteskrankheit» gleichwohl objektiv und unabhängig vom Tun und Lassen des Psychiaters[21].

Infolgedessen eignet sich der Begriff «Geisteskrankheit» ideal für die Mystifikation. Er mißachtet die entscheidende Frage, ob das Individuum die Rolle des geisteskranken Patienten freiwillig übernimmt und daher in eine Interaktion mit dem Psychiater einzutreten wünscht, oder ob es gegen seinen Willen in diese Rolle gezwungen wird und daher eine solche Beziehung ablehnt. Diese Unklarheit wird dann gewöhnlich strategisch ausgenutzt – entweder vom Patienten selbst in *seinem* Interesse, oder von seinen Widersachern in *ihrem* Interesse.

Im Widerspruch zu dieser Ansicht meine ich nun erstens, daß der unfreiwillig hospitalisierte Geisteskranke per definitionem eine ihm zugeschriebene Rolle spielt, und zweitens, daß die «Geisteskrankheit» einer solchen Person immer dann, wenn mit diesem Terminus nicht lediglich eine Schädigung oder Funktionsstörung des Gehirns bezeichnet werden soll, das Produkt der Wechselwirkung zwischen Psychiater und Patient ist.

2. *Der moralische Beweis.* Das entscheidende Element in der unfreiwilligen Einkerkerung Geisteskranker ist der Zwang. Da Zwang Machtausübung bedeutet, ist er immer ein moralischer und ein politischer Akt. Demgemäß und unabhängig von ihrer medizinischen Rechtfertigung ist die Anstaltsunterbringung in erster Linie eine moralische und politische Erscheinung, genau wie die Sklaverei ungeachtet ihrer anthropologischen und ökonomischen Rechtfertigungen primär eine moralische und politische Erscheinung war.

Psychiatrische Zwangsmethoden haben ihren unstreitigen Nutzen für diejenigen, die sie ausüben, aber sie sind keineswegs unentbehrlich, wo es um das Bemeistern der Probleme geht, vor die sogenannte Geisteskranke die Menschen in ihrer Umgebung stellen. Wenn ein Individuum andere durch seine Überzeugungen oder Handlungen gefährdet, kann man mit ihm auch mit anderen als nur «medizinischen» Methoden fertig werden. Ist sein Verhalten ethisch anstößig, so sind vielleicht moralische Sanktionen angebracht, ist es gesetzwidrig, vielleicht rechtliche Schritte. Nach meiner Meinung sind sowohl informelle moralische Maßnahmen wie soziale Ächtung oder Trennung als auch formaljuristische Maßnahmen wie Buße und Gefängnishaft würdiger und dem menschlichen Geiste weniger abträglich als die quasi-medizinische Maßnahme der unfreiwilligen Anstaltsunterbringung[22].

3. *Der historische Beweis.* Gewiß, die Einschließung sogenannter Geisteskranker bewahrt die Gemeinschaft vor bestimmten Problemen. Anderenfalls wäre dieser Ausweg nicht erschlossen und nicht bis heute beibehalten worden. Aber wir haben hier nicht zu fragen, *ob* die Anstaltsunterbringung die Gemeinschaft vor «gefährlichen Geisteskranken» schützt, sondern, gegen *welche Gefahr* sie sie abschirmt und mit *welchen Mitteln.* Inwiefern stellten Prostituierte oder Landstreicher für das Paris des 17. Jahrhun-

derts eine Gefahr dar? Oder verheiratete Frauen für das Illinois des 19. Jahrhunderts?

Bezeichnenderweise hat es kaum eine prominente Persönlichkeit gegeben, die in den letzten fünfzig Jahren nicht von irgendeinem Psychiater als «geisteskrank» in der einen oder anderen Form diagnostiziert worden wäre. Barry Goldwater hieß man einen «paranoischen Schizophrenen[23], Whittaker Chambers eine «psychopathische Persönlichkeit»[24], Woodrow Wilson einen «der Psychose» häufig «sehr nahen Neurotiker»[25], und Jesus «einen geborenen Degeneraten» mit einem «fixierten Wahnsystem» sowie einen «Paranoiker» mit einem so typischen «klinischen Bild», daß es kaum denkbar sei, daß man die Richtigkeit der Diagnose auch nur anzweifeln könnte[26]. Die Liste ist endlos.

Manchmal erklären Psychiater ein und dieselbe Person je nach dem politischen Diktat ihrer Vorgesetzten und den sozialen Erfordernissen des Augenblicks für normal *und* für verrückt. Adolf Eichmann wurde vor seinem Prozeß und vor seiner Hinrichtung von mehreren Psychiatern untersucht, die ihn alle als normal beurteilten; nach seinem Ableben indessen gelangten «medizinische Beweise» für seine Geistesgestörtheit in Umlauf und fanden weite Verbreitung. Nach Hannah Arendt war «immerhin ... ein halbes Dutzend Psychiater zu dem Ergebnis gekommen, er sei ‹normal› ... ein anderer fand, daß Eichmanns ganzer psychologischer Habitus, seine Einstellung zu Frau und Kindern, Mutter und Vater, zu Geschwistern und Freunden ‹nicht nur normal, sondern höchst vorbildlich› sei. (Hausners spätere Eröffnung in einer Artikelserie in der Saturday Evening Post über Dinge, die er ‹im Prozeß nicht vorbringen konnte›, widersprach der Auskunft, die man inoffiziell in Jerusalem bekommen hatte. Die Psychiater, so hieß es auf einmal, hätten behauptet, daß Eichmann ‹ein Mann mit einem gefährlichen und unersättlichen Mordtrieb› gewesen sei, ‹eine perverse, sadistische Persönlichkeit›. ... Der Pfarrer schließlich, der Eichmann regelmäßig im Gefängnis besuchte ... versicherte, Eichmann sei ein ‹Mann mit sehr positiven Ideen›.»[27]

Ob der Beobachter Männer wie die erwähnten für «gefährlich» hält oder nicht, hängt von seiner religiösen Überzeugung, seinen politischen Anschauungen und von seiner sozialen Situation ab. Außerdem entspricht die «Gefährlichkeit» solcher Personen – egal, was wir sonst von ihnen denken mögen – nicht der einer Person mit Tuberkulose oder Typhus, und auch die Beurteilung einer solchen Person als «ungefährlich» wäre nicht zu vergleichen mit dem Urteil «ansteckungsfrei» über einen Patienten mit einer kontagiösen Krankheit.

Kurzum, ich behaupte (und glaube, die historischen Beweise dafür auf meiner Seite zu haben), daß Menschen nicht in Nervenkliniken gesteckt werden, weil sie «gefährlich» oder «geisteskrank» sind, sondern weil sie der Gesellschaft als Sündenböcke dienen, deren Verfolgung von der psychiatrischen Propaganda und Rhetorik gerechtfertigt wird[28].

4. *Der literarische Beweis.* Niemand bestreitet, daß die unfreiwillige Hospitalisierung der sogenannten «(gemein)gefährlichen Irren» die Gemeinschaft «schützt». Die Meinungsverschiedenheiten kreisen um das Wesen der Gefahr, die da der Gesellschaft droht, sowie um die Methoden und die Rechtmäßigkeit der von ihr betriebenen Absicherung. Wir mögen uns in diesem Zusammenhang erinnern, daß auch die Sklaverei die Allgemeinheit «schützte» – sie bewahrte die Sklavenhalter vor Handarbeit. Ebenso sichert die Anstaltsunterbringung einiger die nichthospitalisierten Mitglieder der Gesellschaft ab – erstens gegen die Notwendigkeit, den lästigen oder idiosynkratischen Forderungen gewisser Mitglieder der Gemeinschaft, die gegen kein Strafgesetz verstoßen haben, Rechnung zu tragen, und zweitens dagegen, Mitglieder der Gesellschaft verhören, überführen und bestrafen zu müssen, die einen Rechtsbruch begangen haben, aber von einem Gericht womöglich nicht verurteilt,

oder wenn, dann nicht so wirksam oder so lange wie in einer Nervenklinik verwahrt werden würden. Die vorher erwähnten literarischen Dokumente bestätigen diese Interpretation der Funktion der unfreiwilligen Hospitalisierung Geisteskranker voll und ganz.

IV

Nach meiner Meinung ist also die Anstaltsunterbringung eine Anordnung, mit der sich ein Teil der Gesellschaft auf Kosten eines anderen Teils bestimmte Vorteile verschafft. Dazu bedürfen die Unterdrücker einer Ideologie, die ihre Ziele und Handlungen rechtfertigt, und sie müssen sich der polizeilichen Gewalt des Staates bedienen können, um den unterdrückten Mitgliedern der Gesellschaft ihren Willen aufzuzwingen. Was macht ein solches Vorgehen zu einem Verbrechen gegen die Menschlichkeit? Man könnte argumentieren, die Anwendung staatlicher Gewalt sei rechtens, wenn friedliche Bürger Rechtsbrecher bestrafen. Wo liegt der Unterschied zwischen diesem Gebrauch der Staatsmacht und ihrem Einsatz zu Zwecken einer forcierten Anstaltsunterbringung «Geisteskranker»?

Zunächst einmal besteht zwischen der Anstaltsunterbringung «Geisteskranker» und der Inhaftierung «Krimineller» derselbe Unterschied wie zwischen der Herrschaft des Menschen und der Herrschaft des Gesetzes[29]: Während die Irren den Zwangskontrollen des Staates unterworfen werden, weil ihnen an Macht überlegene Personen sie als «Psychotiker» etikettiert haben, werden «Kriminelle» solchen Kontrollen unterworfen, weil sie Gesetze verletzt haben, die auf alle gleich anwendbar sind.

Der zweite Unterschied zwischen diesen beiden Verfahrensweisen liegt in ihren vorgegebenen Zielen. Mit der Einsperrung Krimineller wird hauptsächlich bezweckt, die persönlichen Freiheiten der gesetzestreuen Mitglieder der Gesellschaft zu wahren[30].

Da ein Individuum, das in der Anstalt untergebracht werden soll, nicht in gleicher Weise als eine Gefahr für die bürgerlichen Freiheiten der anderen gilt wie der Verbrecher (denn wäre dem nicht so, würde man es strafrechtlich verfolgen), kann seine Entfernung aus der Gesellschaft nicht mit den gleichen Gründen gerechtfertigt werden. Daher muß jede Rechtfertigung für eine Anstaltsunterbringung auf die therapeutische Absicht und Wirkung abstellen: So wird dem «Patienten» zu «geistig-seelischer Gesundheit» verholfen. Doch wenn dies nur um den Preis einer Freiheitsberaubung gelingen kann, wird die «unfreiwillige Hospitalisierung Geisteskranker» zu einer verbalen Tarnung für das, was sie im Endeffekt ist – Strafe. Diese «therapeutische» Bestrafung unterscheidet sich nun allerdings von der herkömmlichen, gerichtlich verhängten Strafe insofern, als der angeklagte Verbrecher eine Fülle verfassungsmäßiger Sicherungen gegen falsche Anschuldigungen und grausame Strafverfolgung für sich ausschöpfen kann, während man dem beklagten geisteskranken Patienten diesen Schutz versagt[31].

Um diese Interpretation der unfreiwilligen Hospitalisierung Geisteskranker abzustützen und in eine historische Perspektive zu rücken, möchte ich kurz auf die Ähnlichkeiten zwischen Sklaverei und Institutionaler Psychiatrie eingehen. (Mit «Institutionaler Psychiatrie» meine ich ganz allgemein psychiatrische Eingriffe, die Menschen von anderen aufgezwungen werden. Kennzeichnend für solche Eingriffe ist, daß der angebliche Klient oder «Patient» jeden Einfluß auf seine Beziehung zum Experten verliert. Der Musterfall einer institutspsychiatrischen Versorgung ist natürlich die Anstaltsunterbringung wider Willen[32].)

V

Angenommen, jemand möchte die Sklaverei studieren. Wie würde er das anfangen? Zuerst könnte er sich mit Sklaven befassen. Dann würde er finden, daß solche Personen allgemein unzivilisiert, arm und ungebildet sind, und könnte daraus folgern, daß Sklaverei ihr «natürlicher» oder angemessener sozialer Status sei. Das waren in der Tat die Methoden und Schlüsse unzähliger Menschen zu den verschiedensten Zeiten[33]. Selbst der große Aristoteles hielt Sklaven für «naturgemäß» minderwertig und ihre Unterjochung daher für rechtens. «Seit der Stunde ihrer Geburt», versicherte er, «sind manche zur Unterwerfung, andere zum Herrschen ausersehen»[34]. Diese Auffassung gleicht dem modernen Konzept der «psychopathischen Kriminalität» und «Schizophrenie» als genetisch bedingte Krankheiten[35].

Ganz anders könnte vorgehen, wer die Sklaverei als Einrichtung von Grund aus verabscheut. Er würde sagen, daß es keinen Sklaven ohne einen Gebieter geben kann, der ihn knechtet, und er würde die Sklaverei dementsprechend für eine Form der menschlichen *Beziehungen,* ja noch allgemeiner für eine *gesellschaftliche Einrichtung* halten, die sich auf Sitte, Recht, Religion und Gewalt stützt. So besehen, ist das Studium der Gebieter für eine Untersuchung der Sklaverei mindestens so wichtig wie das der Sklaven selbst.

Hinsichtlich der Sklaverei wird der zuletzt umrissene Standpunkt heute allgemein geteilt, aber hinsichtlich der Institutionalen Psychiatrie nicht. «Geisteskrankheit», wie man ihr in Nervenkrankenhäusern begegnet, wurde jahrhundertelang und wird noch heute nicht viel anders erforscht, als man im amerikanischen Süden vor dem Sezessionskrieg und noch früher die Sklaverei studiert hat. Damals galt die «Existenz» von Sklaven als selbstverständlich, und dementsprechend wurden ihre biologischen und sozialen Merkmale notiert und klassifiziert. Heute gilt die

«Existenz» von «Geisteskranken» als ebenso selbstverständlich[36]; breite Kreise sind überzeugt, daß ihre Zahl
ständig zunimmt[37]. Daher ist es die Aufgabe des Psychiaters, die biologischen, psychologischen und sozialen
Merkmale solcher Patienten zu beobachten und zu klassifizieren[38]. In dieser Perspektive drückt sich teils aus, was ich
den «Mythos der Geisteskrankheit» genannt habe[39], das
heißt, die Auffassung, daß Geisteskrankheiten dasselbe
seien wie körperliche Krankheiten, und teils auch das drin-
gende Bedürfnis des Psychiaters, den von Grund auf kom-
plementären Charakter seiner Beziehung zu seinem unfreiwilligen Patienten zu leugnen. Komplementarität der gleichen Art obwaltet in allen Situationen, wo eine Person oder
Partei eine überlegene oder beherrschende Rolle spielt und
dem (der) anderen eine untergeordnete oder Unterwürfi-
gen-Rolle zuweist. Beispiele dafür sind Herr und Sklave,
Kläger und Beklagter, Inquisitor und Hexe.

Die elementare Parallele zwischen Herrn und Sklaven
einerseits und institutionalem Psychiater und unfreiwillig
hospitalisiertem Patienten andererseits liegt darin, daß in
beiden Fällen das erstgenannte Mitglied des Paares die
soziale Rolle des letztgenannten *definiert* und ihm diese
Rolle mit Gewalt *aufzwingt*.

VI

Wo Sklaverei ist, da muß es Kriterien dafür geben, wer versklavt werden kann und wer nicht. In alter Zeit konnte das
mit jedem geschehen. Knechtschaft war die gewöhnliche
Folge einer militärischen Niederlage. Nach dem Aufkommen des Christentums bekriegten die europäischen Völker
einander zwar weiterhin, machten aber christliche Gefan-
gene nicht mehr zu Sklaven. Dwight Dumond schreibt:
«Die Theorie, daß ein Christ nicht versklavt werden könne,
setzte sich derartig durch, daß sie bald als Element des in-
ternationalen Rechts galt»[40]. Zur Zeit der Kolonisation

Amerikas betrachteten die Völker der westlichen Welt nur Schwarze als geeignete Subjekte des Sklavenhandels.

Nach den gleichen Kriterien wird unterschieden, wer in Heilanstalten eingekerkert werden kann und wer nicht: nämlich mittellose und sozial unwichtige Menschen ja, einflußreiche und prominente nein[41]. Diese Regel tritt zweifach in Erscheinung – erstens in unseren Nervenklinikstatistiken, aus denen hervorgeht, daß die Mehrzahl der hospitalisierten Patienten den niedrigsten sozio-ökonomischen Klassen angehören[42], und zweitens darin, daß sehr wichtige Personen (VIPs) nur äußerst selten in Anstalten gesteckt werden[43]. Doch selbst erfahrene Sozialwissenschaftler mißverstehen oder mißdeuten diese Korrelationen oft, indem sie den geringen Anteil der Oberklassen an der Patientenschaft von Heil- und Pflegeanstalten darauf zurückführen, daß sie und die ihnen Nahestehenden die «medizinische Tatsache» abstreiten, daß ein jeder «mit einer Geisteskrankheit geschlagen» werden kann[44]. Freilich können auch Menschen mit Macht und Einfluß Ängste oder Depressionen haben oder ein aufgeregtes, paranoisches Verhalten an den Tag legen, aber darauf kommt es ja überhaupt nicht an. Diese jetzt so weitgehend akzeptierte medizinische Perspektive, die alles bekümmerte und bekümmernde Verhalten als Geisteskrankheit definiert, bewirkt nur, daß zwischen dem Urteil des Beobachters über die Beschaffenheit des Verhaltens einer Person und seiner Macht, diesem anderen die Rolle des geisteskranken Patienten aufzuzwingen, nicht mehr säuberlich unterschieden wird. Ich will mit meiner Argumentation nicht mehr sagen, als daß prominente und mächtige Personen selten in die Rolle des unfreiwillig hospitalisierten Geisteskranken gedrängt werden, und dies aus offenkundigen Gründen: Der mindere Status des Anstaltspatienten steht einem Mächtigen schlecht an. In der Tat schließen diese beiden Status einander ebenso aus, wie die des Gebieters und Sklaven sich einander ausschließen.

Ein Grundpfeiler der amerikanischen Sklaverei war die Annahme, daß der Neger dem Kaukasier rassisch unterlegen
sei. «In Ulrich Phillips' Arbeit gibt es keine Gehässigkeit
wider den Neger», schrieb Stanley Elkins über des Autors
Buch *American Negro Slavery,* das mit der Haltung des
amerikanischen Südens sympathisiert. «Phillips war den
Negern als Volk zutiefst gewogen, nur konnte er sie eben
als Männer und Frauen nicht ernst nehmen – sie waren
Kinder.» [45]
Genauso geht die Institutionale Psychiatrie von der Grund-
annahme aus, daß der Geisteskranke psychologisch und
sozial dem geistig-seelisch Gesunden unterlegen sei. Auch
er ist wie ein Kind: Er weiß nicht, was ihm frommt, und
braucht daher andere, auf daß sie ihn lenken und beschüt-
zen [46]. Psychiater haben oft eine tiefe, sorgende Zuneigung
zu ihren unfreiwilligen Patienten, die sie für «Psychotiker»
und damit im Vergleich zu den nur «neurotischen» Personen für «sehr krank» halten. Folglich muß man sich um
solche Patienten kümmern, als seien sie wirklich die «unzu-
rechnungsfähigen Kinder», die man in ihnen erblickt.
Die paternalistische Perspektive hat in der Rechtfertigung
sowohl der Sklaverei als auch der unfreiwilligen Hospitalisierung Geisteskranker eine ausnehmend wichtige Rolle ge-
spielt. Aristoteles definierte Sklaverei als eine wesentlich
häusliche Beziehung, wodurch er ihr, schrieb Davis, die
Legitimität der «väterlichen Autorität zugestand und ein
Präzedens schaffen half, das noch im 18. Jahrhundert die
Erörterungen der politischen Philosophen beherrschen
sollte» [47]. Nicht anders wurde und wird die Beziehung der
Psychiater zu ihren Patienten gesehen. Braceland erklärt:
«Wenn mir ein Mann seine Tochter aus Kalifornien her-
bringt, weil sie in der offensichtlichen Gefahr schwebt, der
Unmoral zu verfallen oder sich selbst Schande zu bereiten,
dann erwartet er von mir nicht, daß ich sie in meiner Hei-

matstadt frei herumlaufen lasse, damit sich genau diese Befürchtungen bewahrheiten.»[48] Tatsächlich könnten wir hier fast jeden Artikel und fast jedes Buch über die «Pflegebehandlung» unfreiwillig hospitalisierter Geisteskranker als Beleg dafür heranziehen, daß Ärzte in den Paternalismus zurückfallen, wenn sie ihre Zwangsmittel zur Gängelung des unkooperativen Patienten rechtfertigen wollen. In einem Artikel über den Selbstmord schreibt Solomon: «Gewisse Fälle» – nicht Individuen! – «müssen als unzurechnungsfähig betrachtet werden, und zwar nicht nur im Hinblick auf Gewaltimpulse, sondern auch in jeder medizinischen Angelegenheit.» In diese, von ihm «The Irresponsible» genannte Klasse stellt er «Kinder», «Geistig Zurückgebliebene», «Psychotiker» und «Schwerkranke oder Kranke im Endstadium». Er gelangt zu dem Schluß: «Und mag es noch so unangenehm sein, es könnte erforderlich werden, daß er» – gemeint ist hier der Arzt – «den Wünschen des Patienten zuwiderhandeln muß, um dessen Leben und das Leben anderer zu schützen.»[49] Die Tatsache, daß – wie bei der Sklaverei – der Arzt die Polizeigewalt des Staates braucht, um seine Beziehung mit seinem unfreiwilligen Patienten aufrechtzuerhalten, ändert nichts an diesem selbstgerechten Bild der Institutionalen Psychiatrie.

Paternalismus ist die entscheidende Erklärung für den beharrlich auftretenden Widerspruch und Konflikt in der Frage, ob die Praktiken der Sklavenhalter und der Institutionalen Psychiater «therapeutisch» oder «schädlich» sind. Gebieter über Sklaven und Psychiater geben sich wohlwollend; ihre Sklaven und die unfreiwilligen Patienten protestieren gegen ihre Böswilligkeit. So sagt es Seymour Halleck: «. . . der Psychiater erlebt sich als Helfer, aber sein Patient kann in ihm den Gefangenenwärter sehen. Beide Ansichten sind zum Teil korrekt»[50]. Nein, sie sind nicht zum Teil, sondern *völlig* korrekt. Jede ist eine Aussage über einen anderen Gegenstand – über das Selbstverständnis des Psychiaters die eine, über den Eindruck des geisteskranken

Patienten wider Willen von seinem Zuchtmeister die andere. Walerij Tarsis formuliert in *Ward 7* folgenden Dialog zwischen seinem Helden, dem Patienten, und dem Arzt in der Nervenklinik: «So stehen die Dinge. Ich betrachte Sie nicht als Arzt. Sie nennen das hier ein Krankenhaus. Ich nenne es ein Gefängnis . . . Reden wir nicht um den heißen Brei herum. Ich bin Ihr Gefangener, Sie sind mein Gefangenenwärter . . .»[51].

Das ist der charakteristische Dialog über Unterjochung und Befreiung. Der Herrschende schaut in den Spiegel und erblickt einen Befreier, der Beherrschte betrachtet den Herrscher und sieht in ihm den Tyrannen. Wenn der Arzt die Macht hat, den Patienten einzusperren, und sie benutzt, wird ihre Beziehung unweigerlich diesem Schema entsprechen. Wenn man den Betroffenen nicht fragen kann (weil er sein «wohlverstandenes Interesse» nicht richtig zu beurteilen vermag), ob ihm seine Sklaverei oder sein Anstaltsaufenthalt, ob ihm Prügel oder Elektroschock gefallen, dann bleiben einem nur noch die widerstreitenden Ansichten der Praktiker und ihrer Kritiker. Die Praktiker beharren darauf, daß ihre Zwangsmaßnahmen sich vorteilhaft auswirken, die Kritiker darauf, daß sie schädlich sind.

So behaupteten die Verteidiger der Sklaverei, daß der Neger «als freier Mann nie so glücklich werden kann, wie er als Sklave ist; das ergibt sich aus den Eigentümlichkeiten seines Charakters»[52]. Ferner «war es wirklich ein Akt der Befreiung, Neger ihrer bitteren Welt der Sünde und des finsteren Aberglaubens zu entreißen»[53], und: «Für die Neger war es besser, als Sklaven in einem christlichen Lande zu leben als wie die wilden Tiere in Afrika»[54].

Ebenso behaupten die Verteidiger der unfreiwilligen Hospitalisierung Geisteskranker, der geisteskranke Patient sei als psychiatrischer Gefangener gesünder (dies das Synonym des 20. Jahrhunderts für den Begriff «glücklicher» des 19. Jahrhunderts), als er als freier Bürger wäre; die Anstaltsunterbringung solle in erster Linie gewährleisten, «daß kranke

Menschen die ihren Bedürfnissen entsprechende Pflege erhalten»[55]. Ausserdem «kennzeichnet es manche Krankheiten, daß die Menschen keinen Einblick in die Tatsache ihrer Erkrankung haben. Kurzum, manchmal muß man sie eine Weile vor sich selber schützen.»[56] Man kann sich auch ohne viel Phantasie vorstellen, wie tröstlich, ja absolut unentbehrlich derlei Ansichten für die Befürworter der Sklaverei und der unfreiwilligen psychiatrischen Hospitalisierung sind, auch wenn sie von den Fakten widerlegt werden. Obgleich man zum Beispiel meinte, es lebe «kein fröhlicheres Wesen auf Erden als der Negersklave in den Vereinigten Staaten»[57], lauerte doch ständig die Angst vor Gewalttaten und Aufständen der Schwarzen. Hören wir Elkins: «Daß sich keine freien Arbeiter für die Sklaverei zur Verfügung stellten, kann als ein Prüfstein dafür dienen, wieviel die Analyse ‹Glücklicher Sklave› zum Selbstverständnis der Amerikaner beigetragen haben mag.»[58]

Mit den gleichen Ansichten und den gleichen inneren Widersprüchen haben wir es im Falle der unfreiwilligen psychiatrischen Hospitalisierung zu tun. Verfechter dieses Systems bleiben dabei, daß es stationäre Patienten in Krankenhäusern besser haben, wo sie zufrieden sind und keinen Schaden anrichten können. «Die meisten Patienten», erklärt Guttmacher, «sind es ganz zufrieden, in ein (psychiatrisches) Krankenhaus zu kommen und dort zu bleiben.»[59] Zugleich aber fürchtet man das Gewaltpotential solcher Patienten, löst ihre Flucht aus dem Gewahrsam grimmige Menschenjagden aus, machen ihre Untaten Schlagzeilen in der Presse. Und auch in anderer Hinsicht ist es wie mit der Sklaverei. Daß Bürger sich nicht für eine unfreiwillige psychiatrische Hospitalisierung anbieten, kann als ein Prüfstein dafür dienen, wieviel die derzeit populäre Analyse des Psychohygieneproblems zum Selbstverständnis der Amerikaner beigetragen hat.

Heute wird die soziale Notwendigkeit und folglich auch der fundamentale Wert der unfreiwilligen Einlieferung in

114

die Anstalt zumindest im Hinblick auf manche Menschen nicht ernsthaft in Frage gestellt. In den Vereinigten Staaten ist die allgemein übereinstimmende Meinung, daß eine solche Hospitalisierung, so richtig gehandhabt, eine gute Sache sei. Daher kann man debattieren, *wer* oder für *wielange* hospitalisiert werden soll, aber nicht diskutieren, ob die Maßnahme *überhaupt* bei jemandem angebracht ist. Doch wie ich es für unzulässig halte, einen Menschen – sei er schwarz oder weiß, Moslem oder Christ – zu versklaven, so halte ich es für unzulässig, einen Menschen ohne seine Zustimmung in eine Anstalt zu stecken, sei er nun deprimiert oder paranoisch, hysterisch oder schizophren.

Unsere Abneigung gegen eine eingehende Prüfung dieses Problems läßt sich mit der Abneigung des (amerikanischen) Südens gegen eine gründliche Durchleuchtung der Sklaverei vergleichen. «Ein demokratisches Volk», schrieb Elkins, «‹rechtet› nicht mehr mit sich, wenn alle derselben Meinung sind. Die Menschen werden einander dann nur noch warnen und in den Ohren liegen, ihre Solidarität müsse noch vollkommener werden. Die Intellektuellen des Südens haben nach 1830 wirklich kaum mehr als das getan. Und wenn die Realität des Feindes schwindet, wenn seine Konkretheit verblaßt, bleibt dem Intellekt nichts mehr, was ihm Widerstand leistet, nichts, wo er Resonanz findet; dann verschmilzt er selbst mit der Masse und verdummt, und Schatten werden zu Ungeheuern.»[60]

Darin, daß wir uns immer mehr mit der drohenden Gefahr der Geisteskrankheit beschäftigen, könnte sich ein ebensolcher Prozeß abzeichnen, in dem «Konkretheit verblaßt . . . und Schatten zu Ungeheuern (werden)». Eine demokratische Nation, mahnt Tocqueville, ist für die Risiken eines Übermaßes an Übereinstimmung besonders anfällig: «Die Autorität eines Königs ist eine physische und lenkt die Handlungen von Menschen, ohne ihren Willen zu erstikken. Aber die Mehrheit besitzt eine zugleich physische und moralische Macht, die auf den Willen ebenso einwirkt wie auf das Tun und nicht nur jeden Wettbewerb unterdrückt, sondern auch jeden Meinungsstreit.»[61]

VIII

Es gibt wichtige Ähnlichkeiten in den Beziehungen zwischen Gebietern und Beherrschten, ob Plantagenbesitzer und Negersklaven oder Institutionale Psychiater und zwangshospitalisierte geisteskranke Patienten.

Um sich in einer Beziehung zu anderen als persönlich oder klassenmäßig überlegen zu behaupten, muß der Unterdrücker in der Regel den Unterdrückten unwissend halten, zumal unwissend in Fragen ihrer Beziehung. In Amerika kennt man die Geschichte der systematischen Versuche der Weißen, die Neger dumm zu halten, nur zu gut. Ein dramatisches Beispiel lieferte die Virginia Assembly 1824 mit der Verabschiedung eines Gesetzes, das die Unterweisung *freier* Neger im Lesen und Schreiben mit einer Buße von 50 Dollar und zweimonatiger Haft bedrohte[62]. Die Situation im Norden war auch nicht wesentlich anders. Im Januar 1833 nahm Prudence Crandall in ihre Privatschule zu Canterbury (Connecticut) die siebzehnjährige Tochter einer hochgeachteten Negerfamilie auf. Daraufhin wurde Miß Crandall von den Nachbarn geschnitten und terrorisiert. «Man kippte ihr eine Ladung Dung in den Brunnen. Man verkaufte ihr keine Versorgungsgüter mehr und drohte ihrem Vater und ihrem Bruder die gewalttätige Vergeltung des Pöbels, Geldstrafen und Verhaftung an, wenn sie ihr weiterhin Lebensmittel von ihrer in der Nähe gelegenen Farm brächten. Man warf ihr haufenweise Abfälle aus einem Schlachthof auf ihre vordere Veranda.»[63] Auch wurde sie angeklagt und für schuldig befunden, gegen ein Gesetz verstoßen zu haben, das die Beherbergung, Beköstigung oder Unterweisung Farbiger in jeder Form untersagte. Schließlich steckte man ihr gar noch die Schule in Brand.

Ein ähnliches Bemühen, die ihnen anvertrauten Pfleglinge

116

bildungsmäßig verkommen und psychologisch verkümmern zu lassen, charakterisiert die Tätigkeit der Leiter von Irrenanstalten. In den meisten US-amerikanischen Gefängnissen kann der Sträfling seinen Mittelschulabschluß nachholen, ein Gewerbe erlernen, sich zum Amateuranwalt heranbilden oder ein Buch schreiben. Nichts von alledem ist in einer Nervenklinik oder Heil- und Pflegeanstalt möglich. Der Insasse einer solchen Institution soll vor allem eines – sich die psychiatrische Ideologie seiner «Krankheit» zu eigen machen und das annehmen, was er tun muß, um «zu gesunden». Also muß der eingesperrte Patient die Ansicht akzeptieren, daß er «krank» ist und seine Kerkermeister «gesund» sind, daß sein eigenes Bild von sich selbst falsch ist und das seiner Kerkermeister richtig und daß er seine soziale Lage nur ändern kann, wenn er seine «kranken» Vorstellungen aufgibt und sich zu den «gesunden» Ansichten derer bekennt, die die Macht über ihn haben[64]. Akzeptiert der geisteskranke Patient sich selbst als «krank» und seine Anstaltsumgebung sowie die verschiedenen, ihm aufgenötigten Manipulationen des Personals als «Behandlung», so ist er zugleich gezwungen, die Rolle des Psychiaters als die eines wohlwollenden «Seelenarztes» zu beglaubigen. Der psychiatrische Patient, der die Realität weiterhin in verbotener Weise auffaßt, will sagen, den Psychiater als Gefängniswärter sieht, wird als paranoisch betrachtet. Und da die meisten Patienten – wie unterdrückte Menschen allgemein – früher oder später akzeptieren, was ihnen die Übergeordneten an Gedanken einimpfen, bleiben Anstaltspsychiater ständig in eine Umgebung eingebettet, die ihre Identität als «Ärzte» bestätigt. Ganz ähnlich wurde die moralische Überlegenheit der Weißen über die Schwarzen durch die Verbindung zwischen Sklavenhaltern und Sklaven authentisiert.
In beiden Situationen unterjocht der Unterdrücker seinen Widersacher zunächst und führt dann dessen Knechtschaft als Beweis für seine Minderwertigkeit ins Feld. Sobald die-

ser Prozeß in Gang gekommen ist, entwickelt er seine eigene Triebkraft und psychologische Logik.

Ihre Beziehung betrachtend, wird der Unterdrücker seine Überlegenheit und damit seine wohlverdiente Vorherrschaft sehen und der Unterdrückte seine Minderwertigkeit und damit seine wohlverdiente Unterwerfung. In den Rassenbeziehungen erhalten wir heute fortgesetzt die bittere Quittung für diese Denkweise, während wir in der Psychiatrie noch jetzt die Saat dieser Giftfrucht ausstreuen, deren Ernte ebenso bitter und langwierig werden kann.

Sträflinge dürfen offiziell für ihre «gesetzlichen Rechte» kämpfen, unfreiwillige Insassen von Heilanstalten nicht. Wie die Sklaven haben solche Patienten keine Rechte außer denen, die ihnen ihre medizinischen Herrn und Meister einräumen. Benjamin Apfelberg, Clinical Professor of Psychiatry und medizinischer Direktor des Law-Psychiatry-Projekts an der New Yorker Universität, sagt darüber: «Unseren Studenten wird klar, daß sie dem Patienten im Grunde womöglich einen sehr schlechten Dienst erweisen, wenn sie für seine *gesetzlichen* Rechte kämpfen. Sie lernen, daß es so etwas gibt wie die *medizinischen* Rechte einer Person, das Recht auf Behandlung, das Recht auf Gesundung.»[65]

Das «medizinische Recht», von dem Apfelberg hier spricht, ist ein Euphemismus für die *Verpflichtung,* in einer Nervenklinik eingesperrt zu bleiben, nicht aber eine Möglichkeit, zwischen Hospitalisierung und Nichthospitalisierung zu *wählen.* Aber die unfreiwillig erduldete Hospitalisierung Geisteskranker ein «medizinisches Recht» zu nennen ist ungefähr dasselbe, wie die unfreiwillig erduldete Knechtschaft im Staat Georgia vor dem Sezessionskrieg als «Recht auf Arbeit» zu bezeichnen.

Unterdrückung und Herabwürdigung sind ein unschöner Anblick und werden daher oft getarnt oder verschleiert. Eine Methode dafür ist das Abschieben der Elenden in abgesonderte Bereiche, zum Beispiel Lager oder «Hospitäler». Eine andere besteht darin, die soziale Wirklichkeit hinter der erfundenen Fassade dessen, was wir nach Wittgenstein[66] «Sprachspiele» nennen, zu verbergen. Während psychiatrische Sprachspiele kurios erscheinen mögen, ist das psychiatrische Idiom eigentlich nur ein Dialekt der gewöhnlichen Unterdrückersprache[67]. So nannten Sklavenhalter die Sklaven «Vieh», Mütter «Brüter» («Gebärmaschinen»), deren Kinder den «Zuwachs» und die Männer, die dieses «lebende Inventar» zu beaufsichtigen hatten, «Antreiber»[68]. Die Verteidiger der psychiatrischen Einkerkerung nennen ihre Institutionen «Nervenkrankenhäuser», die Insassen «Patienten» und die Zuchtmeister «Ärzte», sie bezeichnen die im Urteil zugemessene Strafe als «Behandlung» und die Freiheitsberaubung als «Wahrung der wohlverstandenen Eigeninteressen des Patienten».

In beiden Fällen ergänzen Appelle an die Tradition, die Moral und die soziale Notwendigkeit die semantischen Täuschungen. Die Freunde der Sklaverei in Amerika argumentierten, die Abolitionisten hätten unrecht, weil «sie eine uralte Einrichtung zerstören wollen, die von der Heiligen Schrift sowie von der Verfassung anerkannt und in die Struktur der Südstaaten-Gesellschaft eingebettet war.»[69] Demgemäß versicherte ein Leitartikel im Washingtoner *Telegraph* 1837: «Als Mann, als Christ und als Bürger halten wir die Sklaverei für rechtens und glauben, daß die Gegebenheit des Sklaven, wie jetzt in den Sklavenhalterstaaten vorhanden, die beste bestehende Ordnung der bürgerlichen Gesellschaft ist»[70], während ein anderer sklavereifreundlicher Autor 1862 die Sklaverei als Einrichtung hauptsächlich aus religiösen Gründen verteidigte und daher schrieb: «Von Gott gebilligt, von Jesus Christus erlaubt, von den Aposteln gutgeheißen und von guten Menschen aller Zeiten beibehalten, hat die Sklaverei in einem Teil unseres geliebten Landes noch Bestand.»[71]

Man braucht nur einmal heutige psychiatrische Journale, populäre Zeitschriften oder die Tagespresse durchzublättern, um sich davon zu überzeugen, daß dort die unfreiwil-

119

lige psychiatrische Hospitalisierung ebenso gepriesen und verteidigt wird.

Dem zeitgenössischen Leser mag es schier unglaublich vorkommen, mit welcher Bedingungslosigkeit die Sklaverei damals als eine natürliche und nützliche soziale Ordnung akzeptiert worden ist. Selbst ein so großer liberaler Denker wie John Locke trat nicht für ihre Abschaffung ein[72]. Proteste gegen den Sklavenhandel zumal hätten mächtige religiöse und wirtschaftliche Interessen(gruppen) zu feindseligen Reaktionen angestachelt. Wie Davis beobachtete, hätte ein Widerstand gegen die Sklaverei mithin «eine beträchtliche geistige Unabhängigkeit» erfordert, «da die portugiesischen Sklavenhandelsniederlassungen eng mit Missionseinrichtungen verknüpft waren und eine Kritik am afrikanischen Sklavenhandel das Ideal der Verbreitung des Glaubens schlechthin in Frage gestellt haben könnte.»[73]

Tatsächlich würde der Möchtegern-Kritiker oder -Gegner der Sklaverei mit der gesamten Überlieferung und Weisheit der westlichen Zivilisation übers Kreuz geraten sein. Davis schrieb: «Man konnte nicht ohne weiteres eine Institution in die Schranken fordern, die nicht nur von den Kirchenvätern und den kanonischen Büchern, sondern auch von den erlauchtesten antiken Schriftstellern bejaht worden war . . . Die Neubelebung der klassischen Gelehrsamkeit, an sich durchaus geeignet, zur geistigen Befreiung Europas aus den Fesseln der Unwissenheit und des Aberglaubens beizutragen, hat die traditionelle Rechtfertigung der Menschensklaverei nur zementiert . . . Wie sollte wohl eine von so vielen Autoritäten unterstützte und von der allgemeinen Völkersitte gebilligte Einrichtung im Innersten ungerecht oder mit der natürlichen Vernunft unvereinbar sein?»[74]

In den westlichen Ländern und im sowjetischen Block gibt es daher zwei widersprüchliche Positionen in der Anstaltsfrage. Der einen zufolge ist die unfreiwillige psychiatrische Hospitalisierung eine unentbehrliche medizinische Heilmethode und eine humane Form der sozialen Kontrolle, nach der anderen ist sie ein verwerflicher Mißbrauch der medizinischen Beziehung und eine Form der Inhaftierung ohne ordentliches Gerichtsverfahren. Wir vertreten den erstgenannten Standpunkt und finden besagte Hospitalisierung «zulässig», solange sie Opfer unserer Wahl betrifft, die wir verachten; aber wir bekennen uns zu der zweitgenannten Ansicht und halten den psychiatrischen Gewahrsam für «unzulässig», wenn unsere Feinde ihn über Opfer ihrer Wahl verhängen, die wir schätzen.

IX

Der Wandel der Perspektive – von einer Betrachtungsweise, der zufolge die «Minderwertigkeit» des Negers die Sklaverei und der «Wahnsinn» des Patienten die Einkerkerung in der Anstalt veranlaßt, zu einer Auffassung, die beides vom Wechselspiel und besonders vom Machtverhältnis zwischen den Beteiligten bewirkt sieht – hat weitreichende praktische Konsequenzen. Für die Sklaverei bedeutete er nicht nur, daß die Sklaven die Pflicht hatten, aufzubegehren und sich zu emanzipieren, sondern auch, daß ihre Herren in einem noch höheren Masse zum Verzicht auf ihre Sklavenhalterrolle verpflichtet waren. Natürlich fühlte sich ein Sklavenhalter mit solchen Einsichten gezwungen, seine Sklaven um jeden Preis freizulassen. Und genau das taten einige Sklavenhalter. In einem auf der Sklaverei gründenden Sozialsystem mußte ihr Vorgehen tiefgreifende Folgen haben.

Für den einzelnen Herrn, der seine Sklaven freiließ, führte diese Handlungsweise unweigerlich zu seinem Ausschluß aus der Gemeinschaft durch wirtschaftlichen Druck oder persönliche Belästigungen oder durch beides. Solche Leute wanderten gewöhnlich in den amerikanischen Norden aus. Für die Nation als Ganzes symbolisierten diese Aktionen und die dahinter wirksamen abolitionistischen Gesinnungen eine tiefe moralische Kluft zwischen denen, die Neger als Objekte oder Sklaven sahen, und den anderen, für die sie Personen oder Bürger waren. Erstere konnten den Sklaven weiterhin als naturgegeben betrachten, wohingegen letztere nicht zu leugnen vermochten, daß sie für die Schaffung von Menschen nach dem Bilde des Sklave-Tieres statt nach dem Bilde Gottes selbst eine moralische Verantwortung trugen.

Ebenso klar sind die Konsequenzen dieser Perspektive für die Institutionale Psychiatrie. Wenn der Psychiater als «Patienten» einen Menschen annimmt, der gar nicht sein Patient sein will, wenn er ihn weiter als «geisteskrank» definiert, dann in eine Anstalt sperrt, seine Flucht aus dem Gewahrsam sowie aus der Rolle des geisteskranken Patienten verhindert und nunmehr daran geht, ihn unerbetenerweise zu «behandeln», erschafft er nach meiner Überzeugung «Geisteskrankheit» und «geisteskranke Patienten». Dies genauso, wie der Weiße Sklaverei und Sklaven schuf, indem er nach Afrika segelte, den Neger einfing, ihn in Ketten nach Amerika verschleppte und dann wie ein Stück Vieh verkaufte.

Die Parallele zwischen Sklaverei und Institutionaler Psychiatrie läßt sich noch um einen Schritt weiterführen. Daraus, daß einige Sklavenhalter die Sklaverei verurteilten und auf den Besitz von Sklaven verzichteten, ergaben sich bestimmte soziale Probleme wie beispielsweise Arbeitslosigkeit der Neger, Einfuhr billiger europäischer Arbeitskräfte und die allmähliche Spaltung des Landes in sklavereifreundliche und sklavereifeindliche Parteiungen. Ebenso haben die Kritik an der unfreiwilligen Hospitalisierung von Menschen in Nervenheilanstalten und der Verzicht einiger Psychiater auf Beziehungen zu Geisteskranken als Patienten wider Willen in der Vergangenheit berufliche Probleme heraufbeschworen und werden es wahrscheinlich auch künftig tun. Wenn Psychiater ihre Arbeit auf Psychoanalyse und Psychotherapie beschränkten, beschuldigte man sie, gar keine «richtigen Ärzte» zu sein – als ob ein Akt der persönlichen Freiheitsberaubung medizinisches Können erforderte; man warf ihnen vor, sie «drückten sich vor ihrer Verantwortung» den Kollegen und der Gesellschaft gegenüber, indem sie nur die «leichteren Fälle» annähmen und die «ernstlich Geisteskranken» nicht behandeln wollten – als ob der Verzicht auf die Behandlung von Menschen, die nicht behandelt werden wollen, an sich eine falsche ärztliche Behandlung wäre; und man zieh sie der Wühlarbeit an den Grundlagen des psychiatrischen Berufsstandes – als ob Selbstkontrolle und Scheu vor Gewalt neu entdeckte Formen der Unmoral darstellten[75].

X

Natürlich hat der psychiatrische Berufsstand ein gewaltiges existenzielles und ökonomisches Interesse daran, zur Beherrschung psychiatrischer Patienten sozial autorisiert zu sein – dasselbe Interesse, das früher die sklavenbesitzenden Schichten an der sozialen Autorisierung ihrer Herrschaft über die Sklaven hatten. Tatsächlich gewinnt in der gegenwärtigen Psychiatrie der Experte Überlegenheit nicht nur über Mitglieder einer bestimmten Klasse von Opfern, sondern über fast die gesamte Bevölkerung als Gegenstand seiner «psychiatrischen Begutachtung»[76].

Die wirtschaftlichen Ähnlichkeiten zwischen der Sklaverei als Leibeigenschaft und der Institutionalen Psychiatrie sind gleichermaßen offenkundig. Die ökonomische Stärke des Sklavenhalters bestand in seinem Besitz an Negersklaven. Ebenso liegt die ökonomische Stärke des institutionalen Psychiaters in seinen Patienten wider Willen, die sich nicht frei bewegen, verheiraten, scheiden lassen oder vertraglich verpflichten dürfen, sondern der Kontrolle des Anstaltsdirektors unterstehen. Wie Einkünfte und Macht des Plantageneigners mit dem Umfang seines Land- und Sklavenbesitzes stiegen, so steigen Einkünfte und Macht des Psychiatriebürokraten mit dem Umfang des institutionalen Systems, das er kontrolliert, und mit der Zahl der von ihm kommandierten Patienten. Mehr noch: Genau wie der Sklavenhalter die Polizeigewalt des Staates in Anspruch nehmen konnte, um sich Sklaven zu beschaffen und seine Zwangsarbeiterschaft bei der Stange zu halten, so kann der institutionale Psychiater sich vom Staat dabei helfen lassen, Insassen für Nervenkliniken und Heilanstalten aufzutreiben und die Institutionen wohlgefüllt zu halten.

Da die Bundesregierung und die Administrationen der Einzelstaaten in Amerika ein ungeheures ökonomisches Interesse daran haben, daß Nervenkrankenhäuser und psychiatrische Kliniken betrieben werden, entsprechen die Interessen des Staates im wesentlichen denen der Institutionalen Psychiatrie. Früher hatten die genannten Regierungen ein ungeheures ökonomisches Interesse daran, daß Pflanzungen betrieben wurden, auf denen Sklaven schufteten, und daher entsprachen die Interessen des Staates im Grunde denen der sklavenhaltenden Klassen. Die vollumfänglich vorhersehbare Konsequenz einer derartigen Kombination ist die, daß die Koalition von institutionaler Psychiatrie und Staat einen ebenso mächtigen Komplex rechtmäßiger Ansprüche und Interessen erzeugt, wie es die Koalition von Sklavenhaltertum und Staat getan hat[77]. Und solange, das kommt hinzu, die unterdrückende Institution die uneingeschränkte Unterstützung des Staates hat, ist sie unbesiegbar. Da es andererseits aber keine Unterdrückung ohne Macht geben kann, zerfällt eine solche Institution rasch, sobald sie die Unterstützung des Staates verliert.

Wenn dieses Argument zutrifft, wird die Erkenntnis, daß Psychiater jetzt unfreiwillige Psychiatriepatienten schaffen, wie früher Sklavenhalter Sklaven geschaffen haben, bei weiterer Verbreitung wahrscheinlich zu einer Spaltung im psychiatrischen Berufsstand und vielleicht in der Gesellschaft allgemein führen, einer Spaltung zwischen denen, die die Beziehung zwischen Psychiater und unfreiwilligem psychiatrischem Patienten entschuldigen und unterstützen, und denen, die sie verurteilen und ablehnen.

Es ist noch unklar, ob oder auf welcher Grundlage diese beiden Fraktionen der Psychiatrie koexistieren könnten. Die Praktiken der mit Zwangsmitteln arbeitenden Psychiatrie und der paternalistischen Psychiater sind an sich keine Gefahr für eine Psychiatrie, die ohne Zwang auskommt und sich auf einen freiwillig geschlossenen Vertrag zwischen Psychiater und Patient stützt. Lange Zeit existierten ökonomische Beziehungen auf Sklavereibasis Seite an Seite mit vertragsmäßig geregelten Beziehungen. Aber der moralische Konflikt wirft ein schwierigeres Problem auf. Denn genau wie die Abolitionisten in der Tendenz die sozialen Rechtfertigungen für die Sklaverei und die psychologische Knechtung der Sklaven untergruben, so sind die Gegner der psychiatrischen Sklaverei auf dem Wege, die Rechtfertigungen für das Einweisungsunwesen und die psychiatrische Knechtung des Anstaltsinsassen auszuhöhlen.

Letzten Endes wird wahrscheinlich die eine oder die andere Seite die gesellschaftlichen Kräfte für sich gewinnen. Dies vorausgesetzt, könnten wir einerseits der Abschaffung der unfreiwilligen Hospitalisierung und Behandlung psychiatrischer Patienten den Weg ebnen; andererseits erleben wir vielleicht die fruchtlosen Kämpfe eines Individualismus mit, der gegen einen als medizinische Behandlung angebotenen Kollektivismus keine moralische Unterstützung mehr findet[78].

XI

Wir wissen, daß die Herrschaft von Menschen über Menschen so alt ist wie die Geschichte, und dürfen unbesorgt annehmen, daß sie sich bis in prähistorische Zeiten, bis zu unseren vormenschlichen Ahnen zurückverfolgen läßt.

Dauernd wurden Frauen von Männern, Schwarze von Weißen, Juden von Christen unterdrückt. Doch in den letzten Jahrzehnten haben überkommene Begründungen und Rechtfertigungen für nationale, rassische oder religiöse Diskriminierung unter Menschen viel an Schlagkraft und Reiz eingebüßt. Welche Rechtfertigung gibt es also heute noch für den uralten Wunsch des Menschen, seinen Mitmenschen zu beherrschen und zu lenken? Im Verein mit dem Szientifismus ist der moderne Liberalismus – in Wirklichkeit eine Form von Dirigismus – dem Bedürfnis nach einem neuen, unverschlissenen Freibrief für Unterdrückung entgegengekommen und hat den neuen Schlachtruf Gesundheit geliefert.

In dieser therapeutisch-melioristischen Sicht der Gesellschaft bilden die Kranken eine besondere Klasse von «Opfern», denen sowohl zu ihrem eigenen Besten als auch im Interesse der Allgemeinheit, notfalls sogar mit Zwang und gegen ihren Willen, von den Gesunden geholfen werden muß – vor allem natürlich von den Ärzten, die «wissenschaftlich» qualifiziert sind, sie zu beherrschen. Zuerst aufgetan und inzwischen am weitesten entwickelt hat sich diese Perspektive in der Psychiatrie, wo medizinische und Rechtstraditionen die Unterjochung «geisteskranker Patienten» durch «geistig gesunde Ärzte» als soziale Gepflogenheit absegnen. Gegenwärtig scheint der ganze medizinische Berufsstand diesem Modell nachzueifern. Im therapeutischen Staat, auf den wir uns offensichtlich zubewegen, könnte die Grundvoraussetzung für die Bestallung zum Großen Bruder der Titel «Dr. med.» sein.

6. Die Ethik der Sucht

Eine Lanze für die These, daß man die Amerikaner jede ge-
wünschte Droge nehmen lassen sollte

Um nicht in Klischees über «Drogenmißbrauch» zu verfallen, wollen wir zunächst die offizielle Definition dieses Phänomens analysieren. Die Weltgesundheitsorganisation versteht unter «Drogensüchtigkeit . . . einen periodischen oder chronischen Rauschzustand, der dem Einzelnen und der Gesellschaft Schaden zufügt, und der von der wiederholten Einnahme einer (natürlichen oder synthetischen) Droge verursacht wird. Zu den charakteristischen Erscheinungen gehören: 1. ein übermächtiger Wunsch oder Drang (Zwang), die Droge fortgesetzt zu nehmen und sie sich mit allen Mitteln zu beschaffen; 2. eine Tendenz, die Dosis zu erhöhen; 3. eine psychische (psychologische) und manchmal physische Abhängigkeit von den Wirkungen der Droge.»

Da diese Definition von dem Schaden für Individuum und Gesellschaft ausgeht, handelt es sich eindeutig um eine ethische Begriffsbestimmung. Darüberhinaus sagt sie nicht genauer, was «schädlich» («nachteilig») sei, und überweist das Suchtproblem somit an die Psychiater, die definieren, inwiefern der Patient für «sich selbst und andere» gefährlich ist.

Betrachten wir als nächstes das Bestreben, sich den suchterzeugenden Stoff «mit allen Mitteln» zu beschaffen. Diese Wendung legt nahe, daß die Substanz verboten sein muß oder daß sie sehr teuer und ihre Beschaffung daher für den Durchschnittsbürger schwierig ist, weniger aber, daß es die

Person, die sie zu bekommen wünscht, übermäßig nach ihr verlangt. Wenn das, wonach es den «Süchtigen» gelüstet, im Überfluß und billig zu haben wäre, bestünde für ihn kein Anlaß, sich «mit allen Mitteln» in den Besitz des betreffenden Stoffes zu setzen. Folglich kann man gemäß der Definition der Weltgesundheitsorganisation nur nach einer Substanz süchtig sein, die illegal oder aus anderen Gründen schwer aufzutreiben ist. Zweifellos wird das Suchtproblem damit aus dem medizinischen und psychiatrischen Bereich herausgenommen und mir nichts, dir nichts in den Bezugsrahmen von Moral und Gesetz gestellt.

Kurz, man kann Drogensucht oder Drogenmißbrauch nicht definieren, ohne die richtige und unrichtige Anwendung bestimmter pharmakologisch aktiver Agenzien zu spezifizieren. Die reguläre Versorgung eines tödlich an Krebs Erkrankten mit Morphin aus der Hand des Arztes ist das Paradigma der richtigen, der angemessenen Verwendung eines Narkotikums; dagegen ist schon die gelegentliche Selbstversorgung einer körperlich gesunden Person mit der Droge zu Zwecken «pharmakologischen Vergnügens» das Paradigma des Drogenmißbrauchs.

Nach meiner Ansicht haben diese Bewertungen nichts, aber auch gar nichts mit Medizin, Pharmakologie oder Psychiatrie zu tun. Es sind moralische Urteile. Tatsächlich gleicht unsere derzeitige Einstellung zum Suchtproblem auf das verblüffendste manchen unserer früheren Ansichten zum Thema Sexualität. Bis vor kurzem wurde die Masturbation – oder Selbstmißbrauch, wie man es nannte – von der Fachwelt als Ursache und Symptom einer Reihe von Krankheiten bezeichnet und auch von der Volksmeinung als ebendies betrachtet. Selbst heutzutage gilt die Homosexualität – «sexuelle Perversion» geheißen – nicht nur medizinischen und psychiatrischen Experten, sondern auch «gut informierten» Laien als eine Krankheit.

Gewiß wird man heute praktisch keine medizinische Kapazität unserer Tage mehr zum Beweis der Richtigkeit dieser

Auffassung von «Selbstbefleckung» im Sinne von «Selbstmißbrauch» zitieren können. Nach derzeitiger medizinischer Ansicht ist es medizinisch irrelevant, ob ein Mensch
masturbiert oder nicht, und das Ausüben oder Unterlassen
der Selbstbefriedigung eine Frage der persönlichen Moral
oder des persönlichen Lebensstils. Andererseits läßt sich so
gut wie keine zeitgenössische medizinische Autorität *gegen*
das Konzept des Drogenmißbrauchs zitieren. Die Medizin
hält Drogenmißbrauch für ein gravierendes medizinisches,
psychiatrisches sowie volksgesundheitliches Problem, Drogensucht für eine Krankheit ähnlich wie Diabetes, die lang-
wierige (oder lebenslange) und sorgfältige, ärztlich über-
wachte Behandlung erfordert, und endlich das Nehmen
oder Nichtnehmen von Drogen in erster Linie, wenn nicht
gar ausschließlich, für ein Problem, das in den medizinischen Verantwortungsbereich fällt.

Also muß der Mann von der Straße ja einfach glauben, was
er da von allen Seiten hört – daß Drogensucht eine Krankheit wie «jede andere» sei, daß sie nunmehr «epidemische
Ausmaße» erreicht habe und ihre medizinische Eindäm-
mung den unbegrenzten Einsatz von Steuergeldern und die
damit einhergehende erhöhte Wertschätzung und Bereiche-
rung edelsinniger medizinischer Kämpfer gegen diese
«Pest» und «Plage» rechtfertige.

Propaganda zugunsten einer Prohibition

Wie jedes Element der Sozialpolitik kann unsere Drogenge-
setzgebung von zwei völlig verschiedenen Standpunkten
aus untersucht werden, nämlich unter einem technischen
und einem moralischen Aspekt. Gegenwärtig herrscht die
Neigung, entweder die moralische Perspektive zu übersehen oder den technischen Blickwinkel mit dem moralischen
zu verwechseln.

Da die meisten Eiferer gegen den Drogenmißbrauch bestimmte repressive Maßnahmen mit dem Hinweis zu rechtfertigen suchen, verschiedene Drogen seien angeblich gefährlich, machen sie oft falsche Aussagen über die tatsächlichen pharmakologischen Eigenschaften jener Drogen, die sie so gern verboten sähen. Sie verfälschen die Wahrheit aus zwei Gründen: erstens, weil viele tagtäglich verwendete Substanzen ebenso schädlich sind wie diejenigen Stoffe, deren Verbot sie betreiben, und zweitens, weil sie erkennen, daß Gefährlichkeit allein niemals als Argument ausreicht, um das Verbot irgendeiner Droge, Substanz oder eines Kunstproduktes überzeugend und hinlänglich begründen zu können. Je beflissener sie also die moralischen Dimensionen des Problems ausklammern, desto dicker müssen sie ihre betrügerischen Behauptungen über die Gefahren der Drogen auftragen.

Freilich, manche Drogen sind gefährlicher als andere. Umbringen kann man sich leichter mit Heroin als mit Aspirin, andererseits aber wiederum auch leichter durch einen Sprung von einem hohen Gebäude als durch einen Satz von einem kleinen. Bei Drogen sehen wir das Verbot durch ihr gesundheitsschädliches Potential gerechtfertigt – bei Gebäuden kämen wir nicht auf den Gedanken.

Zudem verunklaren und verwechseln wir systematisch die beiden höchst unterschiedlichen Wege, auf denen Narkotika zum Tode führen können: zum einen durch einen beabsichtigten Selbstmord, zum anderen durch eine ungewollt-zufällige Überdosis.

Jeder Mensch hat die Fähigkeit, sich selbst Verletzungen beizubringen oder sich zu töten. Diese Möglichkeit ist ein fundamentaler Ausdruck der menschlichen Freiheit. Selbstzerstörerisches Verhalten mag als sündhaft gelten und mit informellen Zwangsmaßnahmen geahndet werden; doch man dürfte es nicht als eine strafbare Handlung oder als eine (geistig-seelische) Krankheit betrachten, die eine Kontrolle und Überwachung durch die polizeiliche Staatsgewalt rechtfertigte oder autorisierte.

Somit ist es absurd, einem Erwachsenen eine Droge (oder irgend etwas anderes) deshalb vorzuenthalten, weil er sich damit umbringen könnte. Das hieße, jedermann so zu behandeln, wie Anstaltspsychiater den sogenannten selbstmordinklinierten Geisteskranken behandeln – sie kerkern ihn nicht nur ein, sondern nehmen ihm alles fort, Schnürsenkel, Gürtel, Rasierklingen, Eßgerätschaften usw., bis der «Patient» endlich nackt in der Polsterkammer auf der Pritsche liegt und sich nicht mehr umbringen kann. Das führt zu einer schlechthin entwürdigenden Tyrannei.

Ein Exitus durch unbeabsichtigtes Einnehmen einer zu starken Dosis ist eine ganz andere Sache. Aber wer könnte bezweifeln, daß diese Gefahr heute so große Proportionen angenommen hat, weil eben der Verkauf von Narkotika und vielen anderen Drogen verboten ist? Wer verbotene Drogen kauft, kann nicht sicher sein, welchen «Stoff» er da erhält oder welche Menge davon. Freier Drogenvertrieb unter der Voraussetzung, daß der Staat lediglich die Reinheit des Produktes und die Wahrhaftigkeit der angegebenen Bezeichnung (der Aufschrift) überwacht, würde das Risiko einer ungewollten Überdosierung von «gefährlichen Drogen» auf das gleiche Maß zurückschrauben, das bei anderen chemischen Wirkstoffen und physikalischen Kunstprodukten, von denen unsere komplexe, technik-beherrschte Gesellschaft geradezu überquillt, an der Tagesordnung ist und von uns akzeptiert wird.

Ich will in diesem Essay nicht die pharmakologischen Eigenschaften von Narkotika und anderen, auf Geist und Bewusstsein einwirkenden Drogen erörtern. Aber ich möchte ganz deutlich sagen, daß nach meiner Meinung alle Drogen *ohne Rücksicht* auf ihre Gefährlichkeit «legalisiert» werden sollten (ein irreführender Ausdruck allerdings, den ich lediglich als eine Konzession an den heutigen Sprachgebrauch und auch nur zögernd verwende). Obwohl ich weiß, daß manche Drogen – unter den gegenwärtig gängigen namentlich Heroin, die Amphetamine und LSD –

unerwünschte oder gefährliche Folgen haben können, trete ich für den unbehinderten Vertrieb von Drogen aus dem gleichen Grunde ein, aus dem die Founding Fathers für den freien Austausch von Ideen waren. In einer offenen Gesellschaft hat es die Regierung nicht zu interessieren, welche Gedanken sich ein Mensch zu eigen macht; gleichermaßen sollte es die Regierung nichts angehen, welche Drogen er sich einverleibt.

Schmerzlicher Entzug von Tradition

Es ist fundamental charakteristisch für menschliche Wesen, daß sie sich an Dinge gewöhnen: Man entwickelt eine «süchtige» Abhängigkeit nicht nur von Narkotika, sondern auch von Zigaretten, Cocktails vor dem Abendessen, Orangensaft vor dem Frühstück, Comicstrips und dergleichen. Ähnlich ist es ein kennzeichnendes Merkmal des lebenden Organismus, daß er gegen verschiedene chemische Agenzien und physische Reize zunehmend unempfindlicher wird: Die erste Zigarette verursacht vielleicht nichts als ein Ekelgefühl und Kopfschmerzen, doch schon ein Jahr darauf kann das Verqualmen dreier Packungen pro Tag schieren Genuß bedeuten. Sowohl Alkohol als auch Opiate machen «süchtig» in dem Sinne, daß es den Verbraucher immer stärker nach ihnen verlangt, je regelmäßiger er sie zu sich nimmt, und daß er entsprechend eine immer größere Toleranz gegen sie entwickelt. Gleichwohl geht es hier nicht im mindesten um irgendeinen mysteriösen Prozeß des «Abhängigwerdens». Wir haben es einfach mit einem Aspekt der universalen biologischen Neigung zum *Lernen* zu tun, die beim Menschen besonders ausgeprägt ist. Die Sucht nach Opiaten, wie die nach Zigaretten oder bestimmten Nahrungsmitteln, kann – und zwar ohne jeden medizinischen Beistand – überwunden werden, vorausgesetzt, der Betreffende möchte von ihr wirklich loskommen.

Oft will er es nicht. Und warum sollte er auch, wenn er mit seinem Leben nichts besseres anzufangen weiß? Oder wenn er, wie es bei Morphinen der Fall ist, unter dem Einfluß des «Suchtmittels» ein halbwegs normales Leben führen kann? Eigentlich wirkt Opium viel weniger vergiftend als Alkohol. Wie es möglich ist, Alkoholiker zu sein und zugleich produktiv zu arbeiten, so ist es (oder besser, war es bislang) möglich, opiumsüchtig zu sein und dennoch produktiv zu arbeiten. Nach einer endgültigen, von der American Medical Association 1929 veröffentlichten Untersuchung ist «Morphinsucht nicht gekennzeichnet durch körperlichen Verfall oder ein Absinken der physischen Leistungsfähigkeit . . . Es gibt keine Anzeichen für Veränderungen in den hepatischen, renalen, endokrinen oder Kreislauf-Funktionen. Wenn man bedenkt, daß diese Untersuchungspersonen seit mindestens fünf Jahren, manche sogar seit zwanzig Jahren süchtig sind, kommt diesen negativen Beobachtungen eine hohe Signifikanz zu.» 1928 führte Lawrence Kolb, ein Assistant Surgeon General des United States Public Health Service, in einer Studie aus, daß von 119 Personen, die infolge medizinischer Behandlung opiatsüchtig geworden waren, «90 gute industrielle Arbeitsleistungen erbrachten und nur 29 unzulängliche . . . Wenn man die von ihnen geleistete Arbeit und ihre eigenen Aussagen der Bewertung zugrunde legt, hat das Opium bei keiner der normalen Personen einen Leistungsabfall bewirkt. Zweiundzwanzig von ihnen arbeiteten regelmäßig, wiewohl sie seit 25 Jahren oder länger Opium nahmen; eine von ihnen, eine 81jährige Frau, die geistig noch recht rege war, hatte 65 Jahre lang täglich 3 Gran Morphin genommen. (Die gewöhnliche therapeutische Dosis beträgt ein Viertel Gran; drei bis vier Gran sind für den Nichtsüchtigen lebensgefährlich.) Sie gebar sechs Kinder und zog sie groß, sie meisterte ihre Haushaltsangelegenheiten überdurchschnittlich gut. Eine 66jährige Witwe hatte 37 Jahre hindurch nahezu täglich 17 Gran Morphin genommen. Sie ist geistig rege... arbeitet jeden Tag körperlich und verdient sich ihren Lebensunterhalt selbst.»

Ich zitiere diese Angaben nicht in der Absicht, der Opiumsucht das Wort zu reden. Der springende Punkt ist vielmehr, daß wir klar und deutlich unterscheiden müssen zwischen pharmakologischen Wirkungen und persönlichen Neigungen. Manche Menschen nehmen Drogen, um funktionsfähig zu bleiben und sozialen Erwartungen zu entsprechen; andere nehmen sie aus den genau entgegengesetzten Gründen, nämlich, weil sie *nicht* funktionieren, sozialen Erwartungen *nicht* gerecht werden wollen und diese Verweigerung zu ritualisieren trachten. Der «Drogenmißbrauch», der uns heute beschäftigt, gehört größtenteils, wenn nicht fast zur Gänze, zur zweitgenannten Kategorie. Aber statt einzusehen, daß «Süchtige» nicht imstande oder nicht willens sind, zu arbeiten und «normal» zu sein, glauben wir lieber, daß sie sich verhalten, wie sie es tun, weil bestimmte Drogen – besonders Heroin, LSD und die Amphetamine – sie «krank» machen. Wenn wir sie nur wieder «geradebiegen» könnten, so verheißt diese tröstliche Ansicht, würden sie «produktive» und «nützliche» Bürger werden. Dieser Glaube gleicht der Hoffnung, daß sich ein total ungebildeter Zigarettenraucher als ein Einstein entpuppen würde, wenn er nur das Rauchen aufgäbe. Man kann es mit einer solchen Unwahrhaftigkeit sehr weit bringen. Kein Wunder, daß sie Politikern und Psychiatern lieb und wert ist.

Der Gedanke des freien Drogenvertriebs widerspricht unserer gehätschelten Vorstellung, daß jeder arbeiten müsse und Müßiggang nur unter besonderen Umständen zu billigen sei. Generell sind vor allem gesunde, erwachsene weiße Männer zur Arbeit verpflichtet. Müßiggang dulden wir bei Kindern, Frauen, Negern, bei Alten und Kranken, die zu unterstützen wir sogar die Verantwortung übernehmen. Aber die neue Welle des Drogenmißbrauchs beeinflußt hauptsächlich junge Erwachsene, oft männliche

Weiße, die zumindest im Prinzip arbeitsfähig sind und sich selbst ernähren könnten. Dennoch verweigern sie dies: Sie stellen sich abseits («drop out») und ziehen damit die fundamentalsten Werte unserer Gesellschaft in Zweifel.

Die Furcht, der ungehinderte Vertrieb von Narkotika werde unübersehbare Bevölkerungsmassen dazu verleiten, Tag und Nacht nur noch Opium zu rauchen oder Heroin zu nehmen, statt zu arbeiten und ihren Verantwortlichkeiten nachzukommen, ist ein Schreckgespenst, das nicht ernst genommen zu werden verdient. Verhaltensweisen wie Arbeiten und Müßiggang sind tiefverwurzelte Kulturvorstellungen. Uneingeschränkte Abtreibungsmöglichkeiten haben ein emsiges Volk wie die Japaner nicht zu Faulheit und Unzucht verführt. Und ebensowenig würde ein freier Drogenhandel ein solches Volk von Arbeitstieren in Hippies verwandeln. Vielmehr halte ich eher das Umgekehrte für möglich: Es ist fraglich, ob oder wie lange sich ein verantwortungsbewußtes Volk hinsichtlich Drogen und Drogengenuß als absolut unmündig behandeln lassen kann. Mit anderen Worten: Wielange können wir mit der Inkonsequenz leben, daß man uns die Verantwortung für das Bedienen von Kraftwagen und Computern zugesteht, nicht aber die für den Betrieb des eigenen Körpers?

Obwohl ich das Einnehmen von Drogen hier unter moralischen und politischen Gesichtspunkten erörtere und daher nicht auch den Beweis führen muß, daß freier Drogenvertrieb zudem fiskalisch größere Vorteile bieten würde als unsere gegenwärtige Politik, möchte ich kurz auf einige wirtschaftliche Implikationen eingehen:

Der Kampf gegen die Sucht verschlingt nicht nur astronomische Geldsummen, er bewirkt auch nichts. Am 1. April 1967 trat im State New York das, wie es rühmend hieß, «in der Geschichte der Nation umfangreichste» Drogenbekämpfungsprogramm in Kraft. Dazu meldete die *New York Times:* «Das Programm, dessen Kosten sich über drei Jahre auf nahezu einhundert Millionen Dollar belaufen mögen, wurde von Gouverneur Rockefeller als ‹Beginn eines nimmer endenden Krieges› gefeiert.» Drei Jahre später hatte sich die Zahl der Süchtigen im Bundesstaat nach vorsichtigen Schätzungen verdrei- oder vervierfacht. John Hughes, Senator von New York State, berichtet, daß die Betreuung pro Süchtigen in diesem Zeitraum jährlich 12 000 Dollar gekostet hat. (Diesem Betrag standen 4000 Dollar pro Jahr für die Insassen von staatlichen Heilanstalten gegenüber.) Für manche ehemalige Süchtige indessen war das eine phantastische Zeit. In der Addiction Services Agency von New York City begann ein Ex-Süchtiger 1967 mit 6500 Dollar jährlich und kassierte sieben Monate später bereits 16 000 Dollar. Ein anderer fing mit 6500 Dollar an und stieg bald auf 18 100 Dollar. Ähnlich attraktiv sind die Gehälter der mit der Durchführung dieser Programme betrauten Medizinalbürokraten. Kurz, das Aufspüren und Rehabilitieren von Süchtigen ist ein gutes Geschäft. Wir wissen heute, daß die Verbreitung des Zaubereiwesens im Spätmittelalter mehr auf die Tätigkeit von Hexenmachern und -riechern als auf die Lockungen der «Schwarzen Kunst» selbst zurückging. Wäre es also nicht möglich, daß die Ausbreitung der Drogensucht in unseren Tagen mehr auf die Arbeit von Süchtigenriechern als auf den Zauber der Narkotika selber zurückgeht?

Überlegen wir uns einmal, inwieweit für den Kampf gegen die Drogensucht ausgegebene Gelder wenigstens zum Teil dazu – hätten – dienen können, Leute zu unterstützen, die der Gesellschaft lieber den Rücken kehren und Drogen konsumieren. Ihre «Gewohnheit» als solche würde so gut wie nichts kosten; der freie Vertrieb würde den Preis für Narkotika auf einen geringfügigen Betrag drücken. Im fiskalischen Jahr 1969/70 stand der Narcotics Addiction Control Commission des Staates New York ein Budget von annähernd 50 Millionen Dollar (ohne Aufwendungen für Bauvorhaben) zur Verfügung. Nehmen wir diese Zahl als eine provisorische Berechnungsgrundlage, so ergibt sich, daß mit 100 Millionen Dollar 30 000 Drogensüchtige pro Jahr mit 3300 Dollar je Person unterstützt werden können. Da die Bevölkerung des Staates New York ungefähr ein Zehntel der US-amerikanischen Gesamtbevölkerung ausmacht, gelangen wir, wenn wir diesen Haushaltsplan für die Drogensuchtbekämpfung mit zehn multiplizieren, zu der Summe von 500 Millionen Dollar – genug Geld, um 150 000 Süchtige zu subventionieren. Ich meine nicht, daß wir unser sauer verdientes Geld unbedingt auf diese Weise ausgeben sollten, sondern möchte lediglich zeigen, daß freier Drogenhandel für uns, die wir arbeiten, selbst wenn wir Legionen von Süchtigen finanzieren müßten, ökonomischer wäre als unser gegenwärtiges «Heilungs»-Programm. Dabei habe ich in meinen wirtschaftlichen Überlegungen noch nicht einmal die kaum abzuschätzenden Summen berücksichtigt, die wir dadurch einsparen würden, daß sich die Zahl der heute aus dem Drogen-Schwarzhandel resultierenden Verbrechen verringern würde.

Das Recht auf Selbstmedikation

Zweifellos läßt sich das Argument, Marihuana – oder Heroin, Methadon oder Morphin – sei verboten, weil es süchtig mache oder gefährlich ist, nicht mit Fakten untermauern. Einmal gibt es viele Drogen von Insulin bis Penicillin, die weder süchtig machen noch gefährlich sind und doch, da verboten, nur auf ärztliches Rezept abgegeben werden. Demgegenüber gibt es viele Dinge von Dynamit bis zu Gewehren, die – vor allem für andere – viel gefährlicher als Drogen, jedoch nicht verboten sind. Wie jedermann weiß, kann man in den Vereinigten Staaten auch heute noch in ein Waffengeschäft gehen, sich eine Flinte kaufen und damit heimziehen. Wir erfreuen uns dieses

Rechtes nicht etwa, weil wir Gewehre für ungefährlich halten, sondern weil wir noch fester als von ihrer Gefährlichkeit davon überzeugt sind, daß es in den bürgerlichen Freiheiten ein kostbares Gut zu hegen gilt. Zugleich ist es in den Vereinigten Staaten aber nicht möglich, in einen Laden zu gehen und ihn mit einem Röhrchen Barbiturat, Codein oder anderen Drogen zu verlassen.

Meine Auffassung ist die: Genau wie wir die Freiheit der Rede und die freie Religionsausübung als Grundrechte betrachten, sollten wir die Freiheit der Selbstmedikation als ein Grundrecht werten. Wie die meisten Rechte dürfte das Recht auf Selbstmedikation nur für Erwachsene und übrigens auch nicht einschränkungslos gelten. Da es sich hierbei um wichtige Qualifikationen handelt, müssen wir ihren Umfang präzise spezifizieren.

John Stuart Mill hat (in etwa) gesagt, das Recht eines Menschen, mit dem Arm auszuholen, ende dort, wo die Nase seines Nächsten beginnt. Und Oliver Wendell Holmes befand, daß niemand das Recht habe, in einem vollbesetzten Theater «Feuer» zu rufen. Gleichermassen müßte das Recht auf Selbstmedikation dahingehend eingeschränkt werden, daß anderen daraus kein tatsächlicher (im Unterschied zu einem symbolischen) Schaden erwachsen dürfe.

Diese individualistische Ethik spiegelt sich in unserer derzeitigen Regelung der Alkoholfrage. Wir sind berechtigt, alkoholische Getränke zu kaufen, zu besitzen und zu konsumieren. Einen Menschen mag die Trunkenheit eines anderen noch so unangenehm berühren – er kann ihm nicht das «Recht» beschneiden sich zu betrinken, solange er dies in der Privatsphäre seiner eigenen Wohnung oder an irgendeinem anderen geeigneten Ort tut und solange er sich ansonsten gesetzestreu verhält. Kurz, wir dürfen uns rechtens berauschen – in unserer Privatsphäre. Tun wir es in der Öffentlichkeit, so gilt es als Ärgernis für andere und daher als Verstoß gegen das Strafgesetz. Es ist logisch, daß das, was an einem Ort ein «Recht» ist, kraft seiner zerstörerischen oder störenden Auswirkungen auf Mitmenschen woanders zum Unrecht werden kann.

Das Recht auf Selbstmedikation sollte durch ähnliche Abstriche spezifiziert werden. Das Herbeiführen eines Rauschzustandes in der Öffentlichkeit – nicht nur mittels Alkohols, sondern auch mittels jeder Droge – sollte im Sinne des Strafgesetzes ein Vergehen sein. Des weiteren sollten Handlungen mit möglichen Schadensfolgen für andere, beispielsweise das Fahren (Führen) eines Kraftwagens, besonders strikt und unnachsichtig bestraft werden, wenn sie in berauschtem Zustand begangen worden sind. Somit muß das Recht auf Selbstmedikation die uneingeschränkte persönliche Verantwortlichkeit für die Auswirkungen eines von Drogen beeinflußten Verhaltens auf andere beinhalten. Denn wenn wir *nicht* gewillt sind, die Verantwortung für unser eigenes Verhalten zu tragen und andere für das ihre verantwortlich zu machen, degeneriert die Freiheit, Drogen zu nehmen (oder andere Handlungen auszuführen) zu einem Freibrief, anderen Schaden zuzufügen.

So also sähe die Lage für Erwachsene aus, wenn wir die Freiheit des Drogenkonsums als ein ebenso fundamentales Recht betrachteten wie die Freiheit des Lesens und der Religionsausübung. Wie aber lägen die Dinge für Kinder? Da viele, denen man heute Drogenabhängigkeit oder Drogenmißbrauch nachsagt, minderjährig sind, ist es besonders wichtig, uns diesen Aspekt des Problems deutlich vor Augen zu führen.

Ich glaube nicht – und trete auch nicht dafür ein –, daß Kinder das Recht haben sollten, irgendeine Droge oder Substanz nach ihrem Belieben einzunehmen, zu spritzen oder anderweitig zu benutzen. Kinder dürfen offiziell ja auch nicht chauffieren, Alkohol trinken, wählen, heiraten oder bindende Verträge schließen. Sie erwerben diese Rechte in verschiedenen Lebensaltern und gelangen erst mit dem Eintritt der Volljährigkeit – gewöhnlich zwischen dem achtzehnten und einundzwanzigsten Lebensjahr – in ihren ungeschmälerten Besitz. Gleichermaßen sollte das Recht auf Selbstmedikation erst mit dem Eintritt der Reife gewährt werden.

Kurz, ich schlage vor, «gefährliche» Drogen mehr oder weniger so einzustufen, wie wir den Alkohol zur Zeit eingestuft haben. Weder der Genuß noch der Besitz von Narkotika sollte verboten werden, wohl aber ihr Verkauf an Minderjährige. Natürlich würde dies dazu führen, daß Unmündige sich leicht alle möglichen Drogen beschaffen könnten, doch wäre eine solche Verfügbarkeit von Drogen vielleicht gar nicht größer als heute, sondern nur augenfälliger und folglich besser zu kontrollieren. Diese Regelung würde die Verantwortung für den Gebrauch sämtlicher Drogen durch Kinder denjenigen aufbürden, die sie rechtmäßig zu tragen haben: den Eltern und ihren Kindern. Sie tragen ja auch die Hauptverantwortung für den Konsum von Alkohol. Es ist ein tragisches Symptom unserer mangelnden Bereitschaft, persönliche Verantwortung und Freiheit ernst zu nehmen, daß sich die Allgemeinheit offensichtlich nicht bewogen fühlt, auch zu anderen «gefährlichen» Drogen einen ähnlichen Standpunkt zu beziehen.

Überlegen wir einmal, was geschähe, wenn ein Kind eine Flasche Gin in die Schule mitbrächte und sich dort betränke. Würden die Schulbehörden die örtlichen Schnapsläden als «Pusher» brandmarken? Oder würden sie die Schuld den Eltern und dem Kind selbst zuschieben? In fast jeder amerikanischen Wohnung gibt es Schnaps, und dennoch bringen Kinder ihn nur sehr selten in die Schule mit. Dagegen finden Marihuana, bestimmte Weckamine und Heroin – Stoffe, die Kindern am häuslichen Herd gewöhnlich nicht zugänglich sind und deren Besitz bereits einen Verstoß gegen das Strafgesetz darstellt – oft den Weg in die Schule.

Ein weiteres Modell für unsere Haltung in der Drogenfrage bietet unsere Einstellung zur geschlechtlichen Aktivität. Obwohl wir Kindern unterhalb einer gewissen Altersgrenze allgemein von sexueller Betätigung mit anderen abraten, verbieten wir sie nicht gesetzlich. Was unser Gesetz untersagt, ist die geschlechtliche Verführung von Kindern durch Erwachsene. Ebenso müßte die «pharmakologische Verführung» von Kindern durch Erwachsene strafbar sein. Mit anderen Worten: Erwachsene, die Kindern Drogen geben oder verkaufen, sollten als Rechtsbrecher zur Verantwortung gezogen werden. Ein so spezifisches und begrenztes Verbot – es unterscheidet sich von anderen Formen einer allgemeinen Prohibition, wie wir sie unter der Volstead Act hatten oder jetzt für zahllose Drogen haben – ließe sich relativ leicht durchsetzen. Verstöße dürften recht selten sein; denn dazu fehlte es im Grunde dann am psychologischen Interesse und auch am nötigen kommerziellen Profitanreiz.

Der wahre Glaube: Wissenschaftliche Medizin

Ich möchte also folgendes zu bedenken geben. Drogensucht scheint ein medizinisches und pharmakologisches Problem zu sein, ist aber eigentlich ein moralisches und politisches Problem. Wir müßten wissen, daß es keinen naturnotwendigen Zusammenhang gibt zwischen Tatsachen und Wertvorstellungen, zwischen dem, was ist, und dem, was sein sollte. So können objektiv ziemlich schädliche Handlungen, Objekte oder Personen akzeptiert und toleriert werden – indem man ihre Gefährlichkeit herunterspielt. Umgekehrt könnte man objektiv ziemlich harmlose Handlungen, Objekte oder Personen verbieten und verfolgen – wenn man ihre Gefährlichkeit nur gebührend übertreibt. Man muß stets, und ganz besonders im Bereich der Sozialpolitik, zwischen Beschreibung und Verschreibung, Fakt und Rhetorik, Wahrheit und Falschheit unterscheiden.
In unserer Gesellschaft kann man eine Politik mit zwei grundlegenden Methoden legitimieren, nämlich mit der

sozialen Tradition und mit dem wissenschaftlichen Urteil. Mehr als alles andere ist die Zeit der überlegene moralische Schiedsrichter. Wie immer es um eine soziale Handlungsweise bestellt sein mag, wenn Menschen sie Generation um Generation praktizieren, wird sie annehmbar.

Viele Gegner verbotener Drogen räumen ein, daß Nikotin womöglich gesundheitsschädlicher ist als Marihuana; dennoch gehen sie nicht davon ab, daß das Zigarettenrauchen erlaubt sein müsse, das Marihuanarauchen aber nicht, weil erstere Gewohnheit gesellschaftlich gebilligt wird, letztere dagegen keineswegs. Dies ist ein völlig vernünftiges Argument. Aber sehen wir es einmal als das, was es wirklich ist: eine Aufforderung, alte und akzeptierte Bräuche zu sanktionieren und neue, noch nicht akzeptierte in Acht und Bann zu tun. Hier haben wir eine Rechtfertigungslogik, die sich auf Präzedenzfälle stützt, nicht auf Evidenz.

Die andere Legitimationsmethode – sie gewinnt in der modernen Welt immer mehr an Gewicht – besteht im Anrufen einer wissenschaftlichen Autorität. In Gesundheitsfragen, einer schier unübersehbaren und immer dehnbarer werdenden Kategorie, spielen die Ärzte eine wichtige Rolle als Fachleute, die über Billigung oder Verbot entscheiden. Und deshalb, kurz gesagt, betrachten wir das Einnehmen einer ärztlich verordneten Droge als rechtens, dagegen die Selbstmedikation zumal bei gewissen Klassen von Drogen als Drogenmißbrauch.

Auch dies ist ein rundum vernünftiger Ansatz. Aber wir müssen erkennen, daß er auf die Forderung hinausläuft, ärztliches Tun und Lassen zu sanktionieren, weil es in «guter therapeutischer Absicht» geschieht, und zu ächten, was der Laie tut, weil er damit eine schlechte, selbstschädigende Absicht («Selbstbefleckung» oder Bewußtseinsveränderung) verfolgt. Diese Begründung stützt sich auf die Prinzipien des Professionalismus, nicht auf pharmakologische Gegebenheiten. Folglich heißen wir die systematische medizinische Anwendung von Methadon gut und nennen das

Ganze «Behandlung gegen Heroinsucht», verdammen indessen die gelegentliche nichtmedizinische Verwendung von Marihuana und bezeichnen sie als «gefährlichen Drogenmißbrauch».

In unserer gegenwärtigen Vorstellung von Drogenmißbrauch artikuliert und symbolisiert sich eine Fundamentalposition der wissenschaftlichen Medizin, besagend, daß ein Laie seinen eigenen Körper nicht selbst zu medizinieren habe, sondern seine Gesundheitsbetreuung von einem richtigen approbierten Arzt überwachen lassen soll. Die Praxis des wahren Christentums vor der Reformation fußte auf einer ähnlichen Politik, nämlich der, daß ein Laie nicht selbst mit Gott kommunizieren dürfe, sondern seine geistliche Betreuung in die Hände eines vorschriftsmäßig bestallten Priesters legen möge. Offensichtlich handeln Kirche wie Medizin mit solcher Politik in ihrem ureigensten Interesse. Nicht ganz so offensichtlich ist dabei vielleicht das Interesse der Laien: Dadurch, daß die Verantwortung für das geistige und das medizinische Wohl der Menschen einer Klasse autoritativ ermächtigter Spezialisten übertragen wird, entheben diese Politik und die von ihr abgesicherten Verfahrensweisen den Einzelnen der belastenden Notwendigkeit, die Verantwortung selbst übernehmen zu müssen. Wie ich es sehe, sind unsere derzeitigen Probleme im Zusammenhang mit Drogengenuß und Drogenmißbrauch nur eine der Konsequenzen unserer universellen ambivalenten Einstellung zu persönlicher Autonomie und Verantwortlichkeit.

Ich schlage eine medizinische Reform analog der protestantischen Reformation vor – genauer, einen «Protest» gegen die systematische Mystifizierung des Verhältnisses des Menschen zu seinem Körper und seine von Berufsgruppen verfügte Trennung von ihm. Das Nahziel dieser Reform bestünde darin, den Arzt als Mittler zwischen dem Menschen und seinem Körper auszuschalten und dem Laien den direkten Zugang zu Sprache und Inhalt der Pharmakopöe

143

zu gewähren. Bekäme der Mensch ungehindert Zugang zu seinem eigenen Körper und den Mitteln zu dessen chemischer Veränderung, so wäre die Medizin – jedenfalls so, wie wir sie kennen – damit am Ende. Aus diesem Grunde, und weil der Glaube an die wissenschaftliche Medizin so stark ist, besteht nur geringes Interesse an einer so beschaffenen medizinischen Reform. Ärzte fürchten um ihre Privilegien, Laien um ihren Schutz.

Und schließlich noch eines. Da wir zum Glück noch nicht in der utopischen Perfektion «*einer* Welt» leben, hat unsere technische Manipulierung des «Drogenproblems» einige merkwürdige Lösungsversuche gezeitigt (und wird es zweifellos auch weiter tun).

Streifen wir hier kurz einen solchen Versuch. Die amerikanische Regierung übt neuerdings Druck auf die Türkei aus, um dort staatliche Anbaubeschränkungen für Mohn, die Ausgangsbasis für die Heroin- und Morphinerzeugung, durchzusetzen. Falls es sich hierbei um Fairplay auf Gegenseitigkeit handeln sollte, dürfte man von der türkischen Regierung erwarten, daß sie bei der US-Regierung auf Anbaubeschränkungen für Mais und Weizen dringt. Oder sollten wir von der Annahme ausgehen, daß die Moslems genügend Selbstdisziplin besitzen, um keinen Alkohol anzurühren, es bei Christen hingegen jede nur mögliche politische, polizeiliche und ärztliche Kontrolle braucht, damit sie die Finger von Opiaten lassen?

Leben, Freiheit und das Recht auf Drogenglück

Früher oder später müssen wir uns dem fundamentalen moralischen Dilemma dieses Problems stellen und uns fragen: Hat eine Person das Recht, irgendeine Droge nicht zu Heilungszwecken zu nehmen, sondern einfach weil ihr der Sinn danach steht?

Die Unabhängigkeitserklärung spricht von unserem unver-
äußerlichen Recht auf «Leben, Freiheit und das Streben
nach Glück». Wie sollen wir das interpretieren? Etwa mit
der Behauptung, das Streben nach Glück habe sich in Golf-
spielen und Fernsehen, nicht aber in Alkoholgenuß, Rauchen von Marihuana oder Schlucken von Aufmunterungs-
pillen zu verwirklichen?
Verfassung und Bill of Rights schweigen sich zur Drogenfrage aus. Das scheint zu implizieren, daß der erwachsene
Bürger das Recht hat oder haben sollte, seinen eigenen
Körper selbst zu medizinieren, wie er es für angebracht
hält. Wäre das nicht der Fall, bliebe zu fragen, warum
dann ein verfassungsänderndes Gesetz nötig gewesen sein
sollte, um das Trinken unter Strafe zu stellen? Doch wenn
der Verzehr alkoholischer Getränke ein verfassungsver-
brieftes Recht war und jetzt wieder ist, hat man dann nicht
ein ähnliches Recht auf den Genuß von Opium oder
Heroin oder Barbituraten oder was es sonst noch gibt?
Wenn das zutrifft, wäre die Harrison Narcotic Act nicht
nur ein schlechtes Gesetz, sondern auch verfassungswidrig,
weil es in einem legislativen Akt vorschreibt, was in einem
Amendement zur Verfassung gesagt werden müßte.
Es bleiben folgende Fragen offen. Sollten wir als amerikanische Bürger gesetzlich zur Einnahme von Narkotika oder
anderen Drogen berechtigt sein? Sollten wir einen rechtlichen Anspruch darauf haben, daß sich der Staat nicht ein-
mischt, wenn wir Drogen nehmen und uns als verantwortliche und gesetzestreue Bürger verhalten? Und sollten wir
in dem Fall, daß wir Drogen nehmen und gegen das Gesetz
verstoßen, nicht das Recht haben, als Personen, die man
einer strafbaren Handlung bezichtigt, nicht aber als angeblich geisteskranke Patienten behandelt zu werden?
Das sind grundsätzliche Fragen, die allein schon deshalb
bedenkenswert erscheinen, weil sie in keiner zeitgenössischen Erörterung der Problematik von Drogensucht und
Drogenmißbrauch angeschnitten werden. Daher glauben

wir, statt den Gebrauch von Drogen in moralischen und politischen Begriffen zu diskutieren, unsere Aufgabe in der Lösung des anscheinend engbegrenzten technischen Problems zu erblicken, wie man Menschen daran hindert, sich selbst mit Stoffen zu vergiften, für deren Anwendung sie unmöglich die Verantwortung übernehmen können. Nach meiner Meinung erklärt dies am besten jenen erschreckenden nationalen Konsensus, der eine persönliche Verantwortung des Bürgers für seinen Drogenkonsum und für sein Verhalten unter Drogeneinwirkung ablehnt. 1965 zum Beispiel, als Präsident Johnson ein Gesetz zur Einführung scharfer bundesamtlicher Kontrollen über Aufputschmittel und (als Narkotika benutzte) Barbiturate einbrachte, wurde die Vorlage im Hohen Hause widerspruchslos mit 402 zu 0 Stimmen angenommen.

Daß solche Maßregeln das «Drogengespenst» nicht haben bannen können, hat unsere Legislatoren in ihrer Begeisterung für derlei Schritte nur bestärkt. Im Oktober 1970 verabschiedete der Senat – mit 54 zu 0 Stimmen wiederum unisono – ein umfangreiches Narkotikagesetz.

Für mich bedeutet Einstimmigkeit in einer so fundamentalen und komplexen Frage wie dieser ein totales Umgehen des eigentlichen Problems; man versucht, ihm auf Umwegen beizukommen, indem man einen Sündenbock angreift und knebelt – in diesem Falle «gefährliche Drogen» und «Drogenmißbraucher». Es besteht eine ominöse Ähnlichkeit zwischen der Einmütigkeit, mit der früher alle «vernünftigen» Menschen, besonders Politiker, Ärzte und Priester, Schutzmaßnahmen der Gesellschaft gegen Hexen und Juden unterstützten, und der Eintracht, mit der sie heute vergleichbare Vorkehrungen gegen Drogensüchtige und Drogenmißbraucher gutheißen.

Letztlich reduziert sich das Ganze auf die Frage, ob wir das ethische Prinzip akzeptieren oder ablehnen, welches John Stuart Mill so einleuchtend formulierte: «Die einzige Absicht», schrieb er in *Über Freiheit*, «um deretwillen Macht rechtmäßig über irgendein Mitglied einer zivilisierten Gemeinschaft gegen seinen Willen ausgeübt werden kann, ist die, eine Schädigung anderer zu verhindern. Sein eigenes physisches oder moralisches Wohl ist kein ausreichender Grund. Er kann nicht rechtmäßig gezwungen werden, etwas zu tun oder zu unterlassen, weil es für ihn besser wäre, so zu handeln, weil es ihn glücklicher machen würde, weil so zu handeln nach der Meinung anderer klug oder sogar richtiger wäre ... In jenem Teil (seines Verhaltens), der nur ihn selbst berührt, ist seine Unabhängigkeit im rechtlichen Sinne absolut. Über sich selbst, über seinen eigenen Körper und Geist, ist das Individuum souverän.»*

Wenn wir das Problem des Drogenmißbrauchs als das erkennen, was es ist, nämlich eine moralische und politische, nicht eine medizinische oder therapeutische Frage, so haben wir die Wahl, ob wir den Handlungsspielraum des Staates auf Kosten des Individuums oder den des Individuums auf Kosten des Staates maximieren wollen. Anders gesagt, könnten wir uns zu der Ansicht bekennen, daß der Staat, der Repräsentant vieler, wichtiger sei als der einzelne und daß er daher das Recht, ja die Pflicht habe, das Leben des Einzelnen im Sinne des Gruppeninteresses zu regulieren. Oder aber wir halten Würde und Freiheit des Individuums für das Höchste im Leben und sehen die vornehmste Pflicht des Staates darin, diese Werte zu schützen und zu fördern.

Kurz, wir müssen zwischen der Ethik des Kollektivismus und der des Individualismus wählen und den Preis des einen oder des anderen zahlen – oder beider.

7. Psychiatrisches Klassifizieren als eine Strategie der Persönlichkeitsknebelung

Der Mensch ist das einzige Tier, welches einstuft. Alles was wir wahrnehmen oder tun, muß in die ihm gemäße Kategorie eingeordnet werden. Früher, als die Theologie der oberste Schiedsrichter in Meinungsverschiedenheiten unter Menschen war, lagen die Dinge einfacher. Der Mensch klassifizierte nicht; das konnte nur Gott. In jener Epoche glich die Arbeit des Wissenschaftlers der des Geldschrankknackers: Er wollte die Geheimkombination entschlüsseln, die Gott in die Natur eingebaut hat.

Die moderne Wissenschaft entthronte den großen Einordnungsmeister. Sie tat es, indem sie eine ganz andere Weltsicht anregte – eine, der alles ein «wüstes Durcheinander» ist, bis der Mensch Ordnung und Harmonie ins Chaos bringt. Daher ist die Unterscheidung zwischen Tieren und Menschen, Steinen und Bäumen nicht das Ergebnis eines göttlichen Schöpfungsplanes, wie es in der Genesis heißt, sondern ein Ausdruck menschlichen Vermögens, mit Hilfe von Symbolen Kategorien zu schaffen. Doch wenn wir Kategorien eher *schaffen* als *entdecken,* erhebt sich die Frage, woher wir wissen, daß wir die Dinge den richtigen Klassen zugeordnet haben?

In der Psychiatrie geht jede Erörterung des Klassifikationsproblems von der Grundvoraussetzung aus, daß es in der Natur anomale Geisteszustände oder Verhaltensformen gibt, und daß es wissenschaftlich lohnend und moralisch verdienstlich ist, Personen, die unter solchen Zuständen leiden oder die solches Verhalten zeigen, in passend benannte Kategorien zu stecken.

Diese Annahmen muß ich auf Grund meiner Erfahrungen

und Überlegungen in Zweifel ziehen. Natürlich bezweifle ich damit nicht, daß es viele Abstufungen im persönlichen Verhalten gibt, und auch nicht, daß man diese Abweichungen mit verschiedenen Etiketten versehen kann. Ich bezweifle vielmehr das logische Fundament und den moralischen Stellenwert der allen bestehenden psychiatrischen Klassifikationssystemen zugrunde liegenden Prämisse, das menschliche Verhalten sei ein natürliches Ereignis und könne, ja solle, wie alle anderen derartigen Ereignisse eingestuft werden.

Von außen betrachtet, mag die Position des psychiatrischen Nosologen unangreifbar erscheinen. Wir leben in einer wissenschaftlich geprägten Epoche und haben unendliches Vertrauen in die Methoden der Naturwissenschaften. Wenn wir das Verhalten von Sternen und Tieren klassifizieren können, warum dann nicht das der Menschen?

Mag sein, daß der Verlockung des Positivismus nur schwer zu widerstehen ist – aber wer den Menschen studiert, darf ihr nicht nachgeben, sonst versagt er als Humanist. Denn in der Verhaltenswissenschaft ist die Logik des Physikalismus offenkundig falsch: Sie mißachtet die Unterschiede zwischen Personen und Dingen und die Wirkungen der Sprache auf beide.

Die Fachsprache der Physik erleichtert uns das Verstehen und Handhaben physikalischer Objekte. Wenn wir die Psychiatrie (oder die Psychologie) ähnlich auffassen, muß deren Sondersprache einen ähnlichen Zweck erfüllen – sie muß uns helfen, Menschen zu verstehen und zu kontrollieren. Doch ist das Kontrollieren oder Manipulieren von Menschen moralisch legitim, solange genaue Umschreibungen und Abgrenzungen fehlen? Und ist es gerade für Wissenschaftler ein moralisch legitimes Unterfangen? Worin unterscheidet sich die Wissenschaft vom Menschen von Recht und Religion oder von Werbung und Politik, wenn ihr Ziel darin besteht, Menschen zu manipulieren? Eindeutig bedürfen Natur, Bereich und Ethik der Wissenschaft vom Menschen der weiteren Klärung.

Von einem können wir überzeugt sein: Nur der Mensch erschafft Symbole und wird von ihnen beeinflußt. Dementsprechend beeinflußt die Zuordnung zu bestimmten Klassen Menschen, aber nicht Tiere und Dinge. Wenn man einen Menschen «schizophren» nennt, geschieht etwas mit ihm; wenn man eine Ratte «Ratte» und einen Felsen «Granit» nennt, geschieht mit ihnen gar nichts. Anders gesagt: In der Psychiatrie und in den menschlichen Angelegenheiten schlechthin ist der Akt des Einordnens ein höchst bezeichnendes Ereignis.

II

Das Problem der psychiatrischen Klassifizierung ist so alt wie die Psychiatrie selbst. Deshalb sollten wir, ehe wir einen neuen Weg einschlagen und unbekannten Zielen entgegenstreben, zuvor die vorhandenen Wege und ihre uns vertrauten Ziele überdenken.

In der Psychiatrie herrscht kein Mangel an nosologischen Schablonen. Allgemein beruhen sie auf einem oder mehreren der folgenden begrifflichen und methodologischen Modelle: 1. Medizin (oder pathologische Anatomie und Physiologie); 2. Konstitution oder Vererbung; 3. Ethik und Recht; 4. Statistik; 5. Psychobiologie; 6. Psychologie; 7. Psychoanalyse. Die offizielle Nomenklatur der American Psychiatric Association ist in ihrer derzeitigen Form eine Mischung aus allen diesen Elementen.

Diese Systeme mögen sich in Einzelheiten voneinander unterscheiden, gleichen sich jedoch in einem grundsätzlichen Betracht: Bei keinem darf der Akt des Klassifizierens nachgeprüft werden. Die Anhänger dieser nosologischen Schemata sehen die Aufgabe des Psychiaters darin, *Patienten* zu untersuchen und einzuordnen. *Warum* der Psychiater die Rolle des Klassifikators spielt und der Patient die des Klassifizierten, wird nie gefragt. Auch nach der Wirkung der Einstufung auf das spätere Verhalten von Patienten und Psychiatern fragt niemand. Kurzum, Verhaltenswissenschaftler klassifizieren Menschen, als seien es Dinge. Das gilt für den psychoanalytischen Ansatz fast ebenso wie für den rein organischen Ansatz, was nicht überraschen kann, denn der Grund ist nicht etwa ein Mangel an menschlichem Empfinden seitens des Psychiaters, sondern der Trugschluß, in naturwissenschaftlichen Begriffen zu denken. Damit meine ich den Versuch, Menschen zu studieren, zu erklären und zu lenken, als seien sie Tiere oder Dinge. Dies war das Ziel der «wissenschaftlichen» Menschenbetrachtung vor hundert Jahren und ist es noch heute. So versicherte ein namhafter Medizinforscher kürzlich in *Science:* «(Wir) sollten uns nicht darüber unterhalten, ob der Mensch eine Maschine ist, sondern lieber fragen: ‹Was für eine Maschine ist der Mensch?›»[1]

Von Charcot bis in die Gegenwart haben sich psychiatrische Nosologen den Menschen als eine Maschine gedacht, die auseinandergenommen und mechanistisch «erklärt» werden kann. Freud beobachtete in einem denkwürdigen Essay über seinen großen Lehrer: «der Schüler aber, der mit ihm einen stundenlangen Gang durch die Krankenzimmer der Salpêtrière, dieses Museums von klinischen Fakten, gemacht hatte, deren Namen und Besonderheit größtenteils von ihm selbst herrührten, wurde an Cuvier erinnert, dessen Statue vor dem Jardin des plantes den großen Kenner und Beschreiber der Tierwelt, umgeben von der Fülle tierischer Gestalten, zeigt, oder er mußte an den Mythus von Adam denken, der jenen von Charcot gepriesenen intellektuellen Genuß im höchsten Ausmaß erlebt haben mochte, als ihm Gott die Lebewesen des Paradieses zur Sonderung und Benennung vorführte.»[2]

Hier vergleicht Freud Charcot mit Cuvier, der verschiedene

Formen pflanzlichen Lebens klassifiziert hatte, und Adam, der laut biblischer Schöpfungsgeschichte die von Gott «geschaffenen» («hergestellten») Objekte benannte und zu Gruppen ordnete. In jedem Fall befinden sich Klassifizierer und Klassifizierter auf verschiedenen Seinsebenen: einer steht oben, der andere steht unten.

Man könnte in diesem Ansatz die Uranfänge jeder Wissenschaft sehen wollen. Weit gefehlt! Heute zum Beispiel haben wir feinere Beobachtungsmethoden, heute können wir uns verschiedener Wörter bedienen – und doch ist der Ansatz im Grunde noch derselbe. Im Hinblick auf deutsche Anstaltspsychiater um die Mitte des 19. Jahrhunderts sagte Kurt Kolle, einer der bedeutendsten zeitgenössischen europäischen Psychiater: «Lebhafter wissenschaftlicher Drang der in diesen Anstalten tätigen Ärzte setzte ein; die Kranken wurden sorgfältig, ja *liebevoll,* beobachtet. So entstand ein Mosaik der Erscheinungsformen des Irreseins. Die bei den Kranken festgestellten Symptome wurden beschrieben, zergliedert und geordnet. Die Psychiater der Gründerzeit verhielten sich etwa so wie *ein Kind, das Steine oder Muscheln* nach Größe und Farbe *sortiert.*»[3]

Das Wort «liebevoll» enthüllt das ganze Dilemma des Naturwissenschaftlers, der den Wahnsinn studiert. Man würde weder Galileis, noch Newtons, noch Einsteins Beobachtungen als «liebevoll» beschreiben. Wieso dann die Beobachtungen der frühen Psychiater? Die Antwort kann nur lauten: Weil sie Menschen beobachteten, nicht die Sterne. Aber sollte der mit Menschen arbeitende Psychiater zu seinen Subjekten stehen wie ein «Kind», das «Steine sortiert»? Nach Kolle ja. Respektvoll würdigt er Kraepelins «großen Beitrag zur Medizin – eine Klassifikation der seelischen Störungen». Und er fährt fort: «Die entscheidende Frage, die Kraepelin in mühseliger Arbeit aufgriff, lautete: Wie verläuft die Krankheit? Diese Fragestellung ermöglichte es Kraepelin, die verwirrende Fülle der Krankheits-Erscheinungen zu ordnen, in Krankheitsgruppen einzuteilen, die noch immer, bald 40 Jahre nach dem Tode des bedeutenden Forschers, gültig sind.»[4]

Was bedeutet hier der Begriff «gültig»? Etwa «noch in Gebrauch»? An diesem Punkt müssen wir genau aufpassen. Die psychiatrische Methode ist nur eine von vielen Methoden, mit denen Menschen andere Menschen klassifizieren. Manche dieser Klassifikationen wurden weit, weit länger als dreißig Jahre benutzt und haben sich in diesem Sinne als «gültig» erwiesen. Zum Beispiel sind inzwischen über fünftausend Jahre vergangen, seit die Juden sich selbst als «auserwähltes Volk» und andere folglich stillschweigend als Stiefkinder Gottes einstuften, woran viele Juden und Nichtjuden noch heute glauben. Ebenso wurde der Neger in Amerika vor über dreihundert Jahren als minderwertiges Wesen abqualifiziert und ist dies noch heute für viele. Sind das deshalb «gültige» Klassifizierungen?

Wir müssen hier einige Phänomene erwähnen, die für Kraepelin Geisteskrankheiten und psychiatrischer Klassifikationsgegenstand waren. Seine vielgelobte Nosologie enthielt «Diagnosen» wie «Geschlechtliche Verirrungen: Masturbation», «Geborener Verbrecher» und «Pathologische Lügner und Schwindler»[5].

Übrigens ist diese naturalistische Auffassung keineswegs nur noch eine Angelegenheit der Psychiatriegeschichte – ein vor geraumer Zeit vertretener, jetzt aber aufgegebener Standpunkt. Nach sieben Seiten Kleingedrucktem über das Klassifizieren à la Kraepelin resümiert Karl Menninger: «Kraepelins lebenslange Arbeit stellt wahrscheinlich die größte nosologische Synthese dar, die in der Psychiatrie je erreicht wurde . . .»[6].

Wenn Kraepelins Nosologie «die größte» ist, die «in der Psychiatrie» je zustandekam, dann fragt sich wirklich, wie irrational und für menschliche Werte verheerend die anderen sein können. Und wenn Kraepelin eine «Verschmelzung von Psychiatrie und Medizin» gelang – ein Ziel, welches Menninger und viele andere zeitgenössische Psychiater als rundum erstrebenswert betrachten –, sollten wir vielleicht das Unzweifelhafte in Zweifel ziehen, nämlich die Vereinigung von Psychiatrie und Medizin[7].

Kolles derzeitige Ansicht – in der sich zeigt, was ich den Standardansatz in der Klassifikationsfrage genannt habe – ist folgende: «Jeder, der ernsthaft in den schwierigen Stoff der Psychiatrie eindringen will, muß zunächst das System kennenlernen, in dem die Psychiater – im wesentlichen Kraepelin folgend – die Krankheiten als eine *von der Natur gesetzte Ordnung* zu begreifen versuchen.»[8]

Es ist unklar, was Kolle hier mit dem Wort *Natur* meint. Man könnte es unter anderem so verstehen: Wir unterscheiden Dinge, die in der Natur vorkommen, wie das Meer, die Berge, oder Kohle und Öl, von Dingen, die der Mensch geschaffen hat, wie Tische, Stühle, oder Nylon und das Düsentriebwerk. Meint Kolle nun, Geisteskrankheiten seien wie das Meer oder die Berge naturgegeben und nicht die Produkte menschlichen Handelns?

Anders gebraucht, bedeutet das Wort *Natur* die physikalische Welt im Gegensatz zur menschlichen (moralischen und sozialen) Welt – zum Beispiel physikalische Gesetze gegenüber Moralgesetzen. Wenn Kolle das meint, behauptet er damit, daß Geisteskrankheit ein natürliches oder unpersönliches Ereignis wie ein Erdbeben sei, weniger ein persönlicher Akt wie etwa der Entschluß, sich als Christus auszugeben. Diese Auffassung drückt Kolle in dem folgenden Satz aus: «Eine Krankheitslehre (Nosologie), betreffe sie nun Störungen der inneren Organe, der Haut, des Nervensystems oder der Seele, muß darauf gerichtet sein, die Ursachen zu erfassen, weil die Medizin an dem Grundsatz ‹ohne Diagnose keine Therapie› festhalten muß.»[9]

Hier wird der Standpunkt wenigstens deutlich: Seele ist wie Haut. Mit beiden passiert etwas. Einige dieser Vorkommnisse nennen wir «Krankheiten». Wir untersuchen ihre *Ursachen* und beseitigen sie, wenn möglich. Aber wo hat das menschliche Handeln seinen Platz in dieser Ordnung? Antwort: Nirgends. Es gibt kein Handeln, um ein Ziel zu erreichen, es gibt nur ursachenbestimmtes Verhalten. Darin liegt der Grundirrtum der medizinischen und mechanomorphisierenden[10] Auffassung von menschlichem Verhalten und psychiatrischem Klassifizieren. Aus dieser Klemme wird uns nur eine völlige Neuorientierung unserer Einstellung zur psychiatrischen Klassifikation heraushelfen.

III

Um zu einer neuen Perspektive in der psychiatrischen Nosologie zu gelangen, wollen wir am Anfang beginnen und den Klassifikationsakt untersuchen.

Klassifikation ist kein Reservat der Wissenschaft oder der Wissenschaftler, sondern ein elementarer menschlicher Akt. Etwas benennen heißt, es einstufen. Doch warum geben Menschen Dingen Namen? Darauf wäre zu antworten: Um das benannte Ding zu bemeistern, und allgemeiner, weil man die eigene Kraft zum Handeln in der Welt beherrschen will.

Denken wir nur an einige Grundbegriffe, die es selbst in den primitivsten Kulturen gibt: Essen, Trinken, Frau, Feind. Wenn man Eßbares von Nichteßbarem trennt, hilft dies überleben; wenn man diejenige Frau, mit der man sich geschlechtlich vereinigen kann, von den Frauen trennt, die nicht dafür in Frage kommen, so fördert dies die soziale Kooperation; und so fort.

Im gleichen Lichte können wir die komplizierten Ideen der modernen Wissenschaft betrachten. Konzepte wie Atom oder Bakterie helfen uns, die Welt um uns zu bemeistern, das heißt beispielsweise, neue Verbindungen synthetisch herzustellen und ansteckende Krankheiten zu heilen. Der Akt der Benennung oder Klassifizierung ist auf das innigste mit dem menschlichen Bedürfnis nach Kontrolle oder Bemeisterung verquickt. Das ist gar nichts neues, sondern nur ein anderer Ausdruck dafür, daß die Überlegenheit des Menschen über andere Tiere in seiner Fähigkeit der Sprachbenutzung liegt.

Damit gelangen wir an die Quellen einiger unserer Schwierigkeiten in der Psychiatrie. Tiere unter Kontrolle zu bringen, zum Beispiel Haustiere zähmen zu lernen, ist eine Sache; Menschen zu beherrschen, zum Beispiel zu lernen, wie man Neger versklavt, ist eine andere. Doch ehe wir uns dem Problem der Klassifikation als Beschränkung zuwenden, wollen wir uns mit dem Klassifizierungsakt beim Einstufen nicht-menschlicher Objekte befassen.

Das Motiv des Klassifizierens ist in der Regel der Wunsch, Kontrolle über einen Teil der Natur zu gewinnen. Daher ist der Klassifikationsakt kein neutrales Probieren wie das Spiel des Kindes am Meeresstrand, sondern mehr wie das Lauern des Tigers auf die Antilope – zweckvoll und strategisch. Als Klassifizierer greift auch der Mensch den Gegenstand seines ordnenden Interesses an, selbst wenn er ihn nicht verzehren, sondern sich unterwerfen will.

Sartre hat dies scharfsichtig beschrieben. Einzelkind und Leseratte, jagte er keinen Schmetterlingen nach, um sie mit seinem Netz zu fangen; er stellte der «Wirklichkeit» nach, der er mit einem aus Wörtern gewobenen Käscher habhaft zu werden suchte: «Weil sie in die Falle der Benennung gegangen waren, traten nun ein Löwe, ein Hauptmann des Zweiten Kaiserreichs, ein Beduine im Eßzimmer auf; sie waren dort für immer gefangen, weil sie mit Hilfe von Zeichen zu Körpern geworden waren; ich glaubte, meine Träume in der Welt dadurch verankert zu haben, daß ich mit einer Stahlfeder herumkratzte.»[11] Später unterstreicht er dies abermals. «Existieren bedeutete den Besitz einer Approbation irgendwo in den unendlichen Verzeichnissen des Wortes; Schreiben bedeutete, daß man dort neue Wesen einschrieb oder daß man – dies war meine hartnäckigste Illusion – die lebenden Dinge mit der Schlinge der

Sätze einfing. Wenn ich die Wörter geschickt kombinierte, so verfing sich das Objekt in den Zeichen, und ich konnte es halten.»[12] Häufig dienen Klassifikationen ganz offensichtlich einem strategischen oder taktischen Zweck. Wenn der Primitive den Tod seines Viehs auf einen Fluch des Nachbarn zurückführt, hat er die Krankheit dieser Tiere in strategischen Begriffen klassifiziert: Er kann zwar sein Vieh nicht retten, wohl aber den Nachbarn umbringen. Klassifikation wirkt hier als ein Hebel, mit dem man zu bewegen vermag, was immer man bewegen will.

Natürlich stützt man seine Klassifikationen besser auf Tatsachen als auf Illusionen, sollte also das Viehsterben eher auf Maul- und Klauenseuche zurückführen als auf den bösen Blick des Nachbarn. Ich bestreite oder unterschätze keineswegs die empirische oder wissenschaftliche Grundlage verschiedener Klassifikationssysteme. Aber es geht mir um etwas anderes: Ich möchte die strategische Bedeutung von Klassifikationssystemen ohne Rücksicht auf ihren Gehalt herausarbeiten. Wenn Menschen nichts von Maul- und Klauenseuche wissen, schreiben sie den Tod ihres Viehs den Machenschaften der Nachbarn oder ihrer Götter zu, statt einzuräumen, daß sie einfach nicht durchschauen, was für ein Übel sie da heimgesucht hat. Jede Klassifikation, selbst eine falsche, belebt die Hoffnung, die Sache doch noch in den Griff zu kriegen, wohingegen Mangel an Klassifikation das Eingeständnis der eigenen Hilflosigkeit erfordert. Dieses Eingeständnis ist eine rare und sehr anspruchsvolle Leistung des Menschen, die voraussetzt, daß er sein unaufhörliches Streben nach Überlegenheit zumindest zeitweilig kontrolliert. Den Luxus kann sich nur erlauben, wer sich sicher genug fühlt, seine Unsicherheit zuzugeben. Und mag es noch so schwierig sein, Dinge zu klassifizieren (und vor allem richtig zu klassifizieren), so ist es doch noch schwieriger, sie nicht zu klassifizieren, das heißt, eine Urteilsbildung und den Klassifikationsakt aufzuschieben.

IV

Wir können die Wissenschaft als die Gesamtsumme der menschlichen Bemühungen um ein Verständnis und damit um eine gewisse Beherrschung der Natur betrachten. Vielleicht haben wir in dem Prozeß des Benennens oder der symbolischen Identifizierung den Grundbaustein der Wissenschaft vor uns. Klassifizieren bedeutet einen Fortschritt gegenüber dem reinen Benennen, wie Ziegelstein und Beton einen Fortschritt über Naturstein und Bauholz hinaus bedeuten. Wie hilft uns Klassifizieren, die Welt um uns zu beherrschen? Indem es uns bestimmte Ordnungen liefert, dank deren wir über allerlei Geschehnisse in unserer Umgebung nicht immer wieder in Erstaunen zu geraten brauchen. In gemäßigten Klimaten ist der Wechsel der Jahreszeiten ein solches Vorkommnis; am Meer ist es der Wechsel von Ebbe und Flut. Das Benennen von Tieren und Pflanzen, das Systematisieren der Elemente, das Klassifizieren menschlicher Krankheiten – das alles sind weitere, komplexe Ordnungsmuster, mit denen wir bestimmte Aspekte der uns umgebenden Welt besser meistern. In einigen Fällen erwächst Überlegenheit aus der Kraft zur Voraussage künftiger Ereignisse, auf die man sich dann einstellen und an die man sich anpassen kann (Beispiel: Meteorologie); in anderen Fällen resultiert sie daraus, daß man durch umsichtig geplantes Vorgehen bestimmte künftige Ereignisse herbeiführen kann (Beispiel: Landwirtschaft).

In groben Umrissen war dies stets die Einstellung des rationalen Menschen zur Welt der Steine, Pflanzen und Tiere. Wo immer diese Einstellung am höchsten entwickelt ist, gelingt dem Menschen die «Unterwerfung» der Natur auch am besten. Vor diesem Hintergrund müssen wir die Probleme der psychiatrischen Klassifikation sehen.

Voraussage und Kontrolle sind die Ziele der Naturwissenschaft und zugleich die Hauptkriterien für die Triftigkeit ihrer Behauptungen. Das Benennen und Klassifizieren

sowie das Aufstellen von Hypothesen, Theorien oder soge-
nannten Naturgesetzen helfen uns, diese Ziele zu erreichen.
Aber es genügt nicht, daß der Mensch die Bewegungen der
Planeten, das Wachsen und Vergehen der Pflanzen und das
Verhalten der Tiere versteht und daher berücksichtigen
oder ändern kann. Für den Menschen gibt es noch eine an-
dere Quelle des Geheimnisvollen und der Gefahr: andere
Menschen.

Das Streben des Menschen, seinen Mitmenschen zu verstehen und sich zu unterwerfen, hat eine lange und verwik-
kelte Geschichte. Ich möchte an dieser Stelle nur einen ihrer
Abschnitte kommentieren, nämlich die letzten dreihundert
Jahre, eine Periode, die die Entwicklung des größten Teils
der modernen Naturwissenschaften und die der gesamten
Sozialwissenschaft umfaßt. Besonders interessant ist nun
die Einstellung des Wissenschaftlers zu den Ähnlichkeiten
und Unterschieden zwischen dem Beschreiben, Voraussagen und Lenken natürlicher Ereignisse und dem Beschreiben, Voraussagen und Lenken menschlichen Verhaltens.

Der Gedanke der «Einheitswissenschaft» ist nicht so neu,
wie wir bisweilen denken. In einem gewissen Sinne besitzt
die Weltauffassung des Primitiven eine solche Einheitlich-
keit. Er hat die gleiche Einstellung zur beseelten wie zur un-
beseelten Natur, zum Menschen wie zu Tieren und Dingen.
Wir nennen das *Anthropomorphismus*. Der Primitive versucht, die physikalische Welt so zu verstehen, als sei sie von
menschlichen Geistern beseelt. Physikalische Ereignisse, ob
erwünscht oder verheerend, werden als Folgen von Willens-
akten aufgefaßt. Demgemäß konzentrieren sich die Bemühungen um eine Kontrolle derartiger Ereignisse darauf, die
Götter oder Geister, ihre vermeintlichen Urheber, zu be-
sänftigen.

Seit mit Männern wie Galilei und Newton die moderne
Wissenschaft aufkam, hat die Vorstellung von der Natur
als eine harmonisch funktionierende, mechanische
Maschine eine andere Sicht des Menschen angeregt. Statt

sich selbst in die Natur «hineinzuprojizieren», «introjiziert» sich der Mensch nunmehr die Natur. Wo der Primitive Dinge personifiziert, «verdinglicht» der moderne Mensch Personen. Wir sprechen dann von *Mechanomorphismus*. Der moderne Mensch versucht, den Menschen zu verstehen, als ob «es» sich um eine Maschine handelte. Also muß der Erforscher des Menschen diese Maschine auseinandernehmen und ihre Teile und Funktionen zu begreifen trachten, damit er ihr Verhalten wie das einer beliebigen anderen Maschine voraussagen und kontrollieren kann.

Ist das der richtige Weg zu einem Studium des Menschen? Die Geschichte des Dialogs zwischen den Ja- und den Neinsagern in dieser Frage konstituiert die Geschichte der Sozialwissenschaft. Da ich diesen Dialog hier weder darstellen noch auch nur resümieren kann, müssen uns ein paar allgemeine Bemerkungen über sein Wesen genügen.

Wer es logisch möglich und moralisch erstrebenswert fand, menschliches Verhalten vorauszusagen und zu kontrollieren, wollte es im allgemeinen auch mit Zwangsmitteln sozial kontrolliert sehen. Die Reihe dieser Denker beginnt mit Saint-Simon und Comte und reicht bis zu Zeitgenossen wie Harold D. Lasswell in den politischen Wissenschaften und B. F. Skinner in der Psychologie. Im Gegensatz dazu ist bei denen, die das Ausmaß der Voraussagbarkeit des menschlichen Verhaltens und die moralische Erwünschtheit solcher Prognosen skeptisch beurteilt haben, im allgemeinen eher eine Abneigung gegen willkürliche oder persönliche soziale Beschränkungen zu beobachten. Die Reihe dieser Denker beginnt mit Locke und Jefferson und schließt in unserer Zeit Männer wie Ludwig von Mises in der Wirtschaftswissenschaft und Karl Popper in der Philosophie ein. Wo stehen Psychiater, besonders Nosologen, in dieser Frage? Im großen und ganzen sind sie Mechanomorphisten ersteren Schlages und sehen den Menschen, zumal den geisteskranken, als eine defekte Maschine an. Besonders deutlich wird das bei Kraepelin und seinen Gefolgsleuten. Sie betrachten Geisteskrankheiten nicht anders als physische Krankheiten, nämlich als «Ganzheiten», die von Phase zu Phase «fortschreiten», und zwar gewöhnlich vom Schlechten zum noch Schlechteren. Auch Bleuler betrachtete Geisteskrankheiten unter einem naturalistischen, naturkundlichen Aspekt. Jede andere Sicht dieser «Krankheiten» wäre unwissenschaftlich und ein untrügliches Zeichen für Scharlatanerie gewesen. Das gilt zweifellos auch für Freuds unklare Einstellung zur sogenannten Geisteskrankheit. Obwohl er die Psychoanalyse als eine Naturwissenschaft und geistige Anomalien als kausal determiniert auffaßte, war er in der Hauptsache daran interessiert, seine Patienten nicht zu klassifizieren und zu unterdrücken, sondern sie zu verstehen und zu befreien. Deshalb mußte er zum sogenannten Geisteskranken einen methodischen Zugang finden, der von den damaligen psychiatrischen, medizinischen und naturwissenschaftlichen Methoden völlig abwich. (Eine andere Theorie, ein anderes Vokabular brauchte er dazu nicht.)[13] Wenn wir diesen wesentlichen Unterschied zwischen Kraepelins und Freuds Standpunkten sowie deren Konsequenzen für die psychiatrische Nosologie verstehen wollen, müssen wir uns vergegenwärtigen, zu welchen Zwecken menschliches Verhalten und namentlich das sogenannte geisteskranke Verhalten überhaupt klassifiziert werden.

V

Im Zuge der fortschreitenden Unterwerfung der Natur durch die moderne Wissenschaft wurde gegen Ende des 19. Jahrhunderts deutlich und von da an immer klarer, daß von allen unvorhersagbaren Ereignissen im Universum das menschliche Verhalten das verwirrendste war. Kein Wunder. Von allen Dingen und Geschöpfen auf Erden hat allein der Mensch die Gabe des freien Willens. Sein Verhalten ist nicht nur von antezedenten Ereignissen *bestimmt,* sondern wird auch von ihm gemäß seinem Selbstverständnis und seinen Zielvorstellungen *gewählt.* Oder ist das eine Illusion? Ist persönliche Freiheit ein ethisches Konzept, das es nicht verdient, in den Wortschatz der Wissenschaft Eingang zu finden?

Ich möchte mich hier nicht in den nutzlosen Meinungsstreit über das Wesen der «realen Wissenschaft» einmischen. Uns interessiert an diesem Problem der damit eingeführte Freiheitsbegriff. Welche Bedeutung hat er für die psychiatrische Klassifikation? Darauf läßt sich meines Erachtens bündig antworten: *Menschliches Verhalten klassifizieren heißt, es zu beschränken.* Darunter verstehe ich folgendes:

Zu den Grundbestrebungen des Menschen gehört das Streben nach Ordnung und Harmonie in einem potentiell chaotischen All. Diesem Bedürfnis entspricht das Klassifizieren physikalischer Objekte und lebender, aber nichtmenschlicher Dinge. Das Verhalten dieser nichtmenschlichen Objekte, darauf sei hingewiesen, ist im wesentlichen nicht an symbolische Handlungen gebunden und daher vom Klassifikationsakt selbst nicht betroffen. Eine Kuh bleibt ein Säugetier, egal, wie wir sie nennen oder klassifizieren. Wenn wir das Verhalten der Kuh beeinflussen wollen, müssen wir direkt auf das Tier einwirken, beispielsweise, indem wir es melken oder schlachten. Diese Trennung der physischen von der symbolischen Handlung existiert überall dort, wo der Mensch auf nichtmenschliche Objekte einwirkt. In Situationen allerdings, in denen der Mensch auf seinen Mitmenschen einwirkt, ist diese Trennung entweder nicht vorhanden oder radikal anders geartet; denn da wird Sprache zu einer Art des Handelns.

In diesem Lichte betrachtet, erweist sich die soziale Rolle als ein Klassifizierungsgefängnis mit persönlichen Identitäten als den Zellen, in die Menschen einander einsperren. Und das hilft uns, die ständigen Schwierigkeiten zu erklären, die psychiatrische Klassifikationen heraufbeschwören.

In der Regel wird die persönliche Identität eines Individuums nicht von medizinischen, wohl aber von psychiatrischen Diagnosen definiert. Was für ein Unterschied, ob man eine Person als «leukämischen Dichter» oder als «schizophrenen Dichter» bezeichnet! Anders gesagt: Psychiatrische Diagnosen definieren persönliche Identität auf ungefähr die gleiche Weise, wie beschreibende Zusätze wie «Existenz-», «Sprach-» oder «kantianischer» das Substantiv «Philosoph» und die so bezeichnete Person definieren.

Es wäre absurd, wollte irgendwer – und namentlich der Erforscher des Menschen – außer acht lassen, wie Menschen Sprache benutzen und auf sie reagieren. Die Ausdrücke «hysterische Mutter» oder «paranoischer Senator» unterscheiden sich grundlegend von «fettleibige Mutter» oder «zuckerkranker Senator». Die Person wird zum Ding. Den Experten zufolge besteht die richtige psychiatrische Behandlungsmethode bei einem «Patienten» wie Verteidigungsminister Forrestal darin, ihn wie jeden anderen Patienten zu behandeln, das heißt als ein nichtmenschliches Objekt mit einem psychiatrischen Etikett[14]. Bei einem vermögenden «Patienten» der VIP-Klasse geht das in der Praxis natürlich nicht, aber daß so gehandelt werden soll, ist aufschlußreich. Denn ermangelt der «Patient», wie es ja meist der Fall ist, der sozialen Macht einer bedeutenden Persönlichkeit, so kann und wird er in dieser Art behandelt werden[15]. Wenn ein Krankenhauspsychiater einen neu aufgenommenen Patienten als paranoischen Schizophrenen klassifiziert, tut er das, was Sartre beschrieb. Das diagnostische Etikett unterstellt dem Patienten eine defekte persönliche Identität, hinfort wird es ihn anderen gegenüber identifizieren und ihr Verhalten zu ihm sowie sein Verhalten zu ihnen bestimmen. Demnach ist es so, daß der psychiatrische Nosologe nicht nur die sogenannte Krankheit seines Patienten *beschreibt,* sondern ihm zugleich sein zukünftiges Verhalten *vorschreibt.*

Kurzum, wir müssen zwischen zwei grundverschiedenen

Einstellungen zum persönlichen Verhalten wählen. Erstens kann man menschliches Verhalten als ein Ereignis und in dieser Eigenschaft als anderen, nichtmenschlichen Ereignissen im wesentlichen vergleichbar betrachten. Ein Astronom zum Beispiel kann eine Sonnenfinsternis, ein Kriminologe die ungefähre Rückfallquote bei entlassenen Sträflingen voraussagen. Obgleich dieser Ansatz den Forscher darauf festlegt, Menschen so zu behandeln, als unterschieden sie sich essentiell nicht von Dingen, ist ihm ein gewisser Wert nicht abzusprechen. Für bestimmte Arten von statistischen Analysen und Verhaltensprognosen eignet er sich vorzüglich.

Zweitens läßt sich das menschliche Verhalten als eine einzigartige Leistung begreifen, die nur der Mensch zuwege bringt. Persönliches Verhalten fußt auf den freien Entscheidungen einer Zeichen benutzenden, Regeln befolgenden und Spiele spielenden Person, deren *Handeln* oft mehr von ihren Zukunftszielen als von ihren früheren Erfahrungen bestimmt wird. Dieses Menschenbild rückt Bemühungen um eine Verhaltensvoraussage in eine neue Perspektive. Denn soweit der Mensch Handlungsfreiheit besitzt, d.h. zwischen alternativen Handlungsweisen wählen kann, ist sein Verhalten zwangsläufig unvorhersehbar; das schließlich bedeutet ja das Wort «frei». Versuche, menschliches Verhalten vorherzusagen, führen mithin wahrscheinlich zu Bemühungen, es einzuschränken.

VI

Wohin wir uns auch immer wenden, allenthalben finden wir Beweise dafür, daß die meisten psychiatrischen Diagnosen zu Verunglimpfungszwecken benutzt werden können und benutzt werden. Sie sollen den Diagnostizierten herabwürdigen und dadurch sozial gängeln. Ein schlagendes Beispiel ist die Umfrage unter Psychiatern, die die Zeitschrift *Fact* während der Präsidentschaftskampagne 1964 veranstaltete.

Am 24. Juli 1964, eine Woche nachdem Senator Goldwater von den Republikanern als Präsidentschaftskandidat aufgestellt worden war, schickte *Fact* an jeden der 12 356 Psychiater in den Vereinigten Staaten ein Formular mit der Frage: «Glauben Sie, daß Barry Goldwater für das Amt des Präsidenten der Vereinigten Staaten psychologisch tauglich ist?» Die der Frage beigefügte Erläuterung ließ keine Zweifel offen, daß er dies nach Ansicht der *Fact*-Editoren nicht sei[16].

Insgesamt antworteten 2417 Psychiater, also annähernd 20 Prozent der Angeschriebenen. Zwei von dreien waren mit der Veröffentlichung ihres Namens einverstanden. Mit 1189 gegen 657 Stimmen sprachen die Psychiater dem republikanischen Kandidaten die Eignung für das höchste Staatsamt Amerikas ab.

Die meisten diagnostizierten bei Goldwater paranoische Schizophrenie oder einen ähnlichen Zustand. Hier ein paar typische Kommentare: «Senator Goldwater machte auf mich den Eindruck einer paranoiden Persönlichkeit oder eines schizophrenen paranoiden Typs ... Er ist potentiell gefährlich.»[17] (Ein ungenannter Psychiater am Cornell Medical Center in New York City. – «Goldwater ist im Grunde ein paranoischer Schizophrener mit zeitweiligen Kompensationsstörungen.» (Ein ungenannter Psychiater in Boston.)

Eine andere Psychiatergruppe sah in Goldwater einen totalitären Führer, und zwar überwiegend eines faschistischen oder nazistischen Typs. Einige Beispiele: «Hitler hatte seine Juden, Goldwater hat seine Neger.» (Ein ungenannter Psychiater in San Francisco.) – «Ich begrüße Ihre Bemühungen, die Öffentlichkeit mit einigen hochbedeutsamen Tatsachen bekannt zu machen. Gut zu wissen, daß man Psychiatern dieses Landes später, sollte Goldwater sich als ein neuer Hitler herausstellen, nicht vorwerfen wird, sie hätten geschwiegen.» (Ein ungenannter Psychiater in Topeka, Kansas.)

In den Antworten einer dritten Gruppe wurden «diagnostische» Urteile über andere lebende und verstorbene Prominente (wie beispielsweise Abraham Lincoln und Theodore Roosevelt) angedient. Ein Psychiater charakterisierte Goldwaters Mitbewerber, den Kongreßabgeordneten William E. Miller, als «einen ebenso böswilligen und halb paranoischen Mann wie (Goldwater) selber.» Andere ergingen sich in düsterem Raunen über die psychiatrischen Abwegigkeiten anderer lebender Personen: «Über Barry Goldwater weiß ich nichts aus erster Hand, wohl aber über einen unserer letzten Präsidenten und dessen Ehefrau. Er war kurz vor seinem Amtsantritt in psychiatrischer Behandlung, und sie ist nach wie vor eine chronische Alkoholikerin.» (Ein ungenannter Psychiater in Kalifornien.)

Schließlich war da noch die Gruppe jener Psychiater, die Goldwater als Präsidenten sehen wollten. Aber viele ließen es nicht mit politischen Argumenten bewenden, sondern verunglimpften nun ihrerseits Mr. Johnson entweder psychiatrisch oder persönlich. Beispiel: «... Verrät nicht sein (Johnsons) Verhalten am Steuer seines Wagens einen Mangel an Urteilskraft und eine Verantwortungslosigkeit, die ein Amtsenthebungsverfahren rechtfertigen würden? So sehr mir mein Ruf als Psychiater am Herzen liegt, hier werfe ich ihn in die Waagschale für die Ansicht, daß Barry Goldwater psychologisch und in jedem anderen Betracht für das Amt des Präsidenten der Vereinigten Staaten qualifiziert ist.» (Ein Professor der Psychiatrie in Georgia.)

Es wäre verkehrt, in alledem nichts als die törichten Irrtümer einer Handvoll Psychiater zu erblicken; denn diese Auffassungen veranschaulichen das innerste Wesen der psychiatrischen Diagnose als sozialer Akt. Hier enthüllt sich der Psychiater in seiner sozialen Hauptrolle: Er legitimiert und verwirft die sozialen Ansprüche und Rollen anderer. Wenn also ein Psychiater den Senator Goldwater für präsidentschaftsuntauglich erklärt, tut er damit nichts, was aus dem Rahmen fällt. Sein Schritt ist kein Fehltritt auf einer völlig und grundsätzlich anderen psychiatrischen Bahn. Im Gegenteil! Dieses Vorgehen ist nicht davon zu unterscheiden, daß jemand als prozeßunfähig, ein zweiter als testamentsunfähig, ein dritter als nicht geeignet zum Führen eines Kraftfahrzeuges, ein vierter als nicht tragbar für das Peace Corps bezeichnet wird. In allen diesen Fällen spielt der Psychiater seine charakteristische soziale Rolle: Er brandmarkt die Rollen oder Rollenansprüche bestimmter Menschen als illegitim. Natürlich legitimieren Psychiater auch manchmal bestimmte Rollen oder Rollenansprüche, zum Beispiel dann, wenn sie einen Angeklagten für prozeßfähig, einen Rekruten für wehrdiensttauglich oder einen Eichmann für exekutionsfähig befinden. Die Macht, eine Rolle für unzulässig zu erklären, muß auch die Macht einschließen, sie als rechtmäßig zu bestätigen.

Aus dem Gebrauch und dem Mißbrauch psychiatrischer Diagnosen könnte man folgern, sie hätten überhaupt keine Bedeutung. Das stimmt aber nicht. Menschliche Wesen weisen nun einmal gewisse Unterschiede in ihrer «Zusammensetzung» auf. Wenn Psychiater Menschen als «paranoisch» oder «zwanghaft handelnd» bezeichnen, heben sie damit oft auf etwas ab, was genauso real ist wie die schwarze Haut eines Negers oder die rosige eines Weißen.

Entscheidend ist hier nicht, daß psychiatrische Diagnosen bedeutungslos sind, sondern, daß sie als semantische Keulen geschwungen werden können und oft geschwungen werden. Indem man einen Menschen seines Ansehens, seiner Würde beraubt, zerstört man ihn nicht minder gründlich, wenn nicht gar noch gründlicher, als dadurch, daß man ihm den Schädel einschlägt. Nur wird eben – und darin liegt der große Unterschied – der Totschläger mit der Keule von jedermann als gemeingefährlich begriffen, nicht aber derjenige, der mit der psychiatrischen Diagnose zudrischt.

Diese Rufmord- und Diffamierungstechnik, die so oft zur Vernichtung des Opfers führt, ist erstaunlich lange uner-

167

kannt geblieben, und dies sicherlich nicht zuletzt deshalb, weil sie von Doktoren der Medizin praktiziert wird. Doch das Wesen einer vorgeblich medizinischen Maßnahme wird nicht davon bestimmt, wer sie vornimmt, sondern erhellt sich aus ihrem sozialen Kontext und ihren praktischen Konsequenzen.

Nehmen wir den Fall eines in der Psychologie bewanderten Menschen, der einen Psychiater in dessen Privatpraxis aufsucht, weil er seine Lebensziele souveräner und wirksamer verfolgen möchte. Da könnte nun in der Beziehung des Therapeuten zu seinem Patienten der Tag kommen, an dem sie es nützlich finden, gewisse Neigungen des Patienten mit dem Wort «paranoid» zu beschreiben. Mit diesem Gebrauch der Sprache wird im besten Falle das Selbstverständnis des Patienten gefördert, im schlimmsten Falle seine Selbstachtung verletzt.

Oder nehmen wir an, daß ein Ehemann seine Gattin psychiatrisch untersuchen läßt, weil sie nach seiner Meinung maßlos eifersüchtig ist; oder daß ein Bezirksstaatsanwalt einen Psychiater hinzuzieht, um einen Angeklagten zu begutachten, den er für psychisch nicht prozeßfähig hält; oder daß ein Schriftleiter einer Zeitung eine Gruppe Psychiater befragt, ob ein Anwärter auf ein öffentliches Amt die für letzteres nötigen mentalen Voraussetzungen mitbringt. Was würde wohl geschehen, wenn der Psychiater eine dieser Personen als «paranoisch» bezeichnete? Ich glaube, das bedarf hier keiner ausführlichen Antwort mehr.

Wenn bei Senator Goldwater – und noch dazu so leicht, mit solcher Selbstsicherheit und von so vielen Psychiatern – eine paranoische Schizophrenie festgestellt werden kann, die ihn als potentiellen Selbstmörder und Totschläger erscheinen läßt, dann fragt man sich wirklich, was einem gewöhnlichen Bürger für Chancen bleiben, dem man ein solches Etikett angeheftet hat. Wie kann er seine Freiheit zurückerlangen, wenn er allein auf Grund einer solchen «Diagnose» in einer Nervenklinik sitzt, sei sie nun privat oder staatlich, öffentlich oder dem Strafvollzug angeschlossen? Wie soll er sein Recht auf ein Gerichtsverfahren geltend machen, nachdem man es ihm auf Grund dieser (womöglich von Psychiatern, die seine Widersacher hinzugezogen und bezahlt haben, gestellten) Diagnose aberkannt hat? Auch hier sind die Antworten peinlich klar[18].

VII

Menschliches Verhalten ist nahezu unbegrenzt formbar. Unter Umständen kann der Mensch Hunderte von Sprachen erlernen und die verschiedensten Rollen spielen. Diesen enormen Freiheitsraum einzuengen, ist eine Funktion der Kultur und der Tradition. Bald nach der Geburt wird das Kind Einflüssen ausgesetzt, die seine Fähigkeiten kanalisieren; es wird von manchen Verhaltensformen abgeschreckt, zu anderen ermutigt. Wie weicher Ton modelliert, gewinnt Verhalten mancherlei Gestalt. Am deutlichsten zeigt sich das in primitiven Kulturen: Ein Mann wird Jäger und Krieger, eine Frau Gattin und Mutter. Solches Verhalten ist natürlich in hohem Maße voraussagbar. Ähnliche Prozesse vollziehen sich, wiewohl nicht ganz so sichtbar, auch in höher entwickelten Kulturen.

In dem Bedürfnis, Verhalten und Personen zu klassifizieren, findet dieser Prozeß einen wichtigen Ausdruck. Begriffe wie «Kellner», «Schuhverkäufer», «Stenograph(in)» und «Richter» klassifizieren zum einen Berufe, definieren aber zum anderen auch Rollenerwartungen. Soweit sie das tun, engen sie Verhalten ein und machen es vorhersagbar.

Beweise für die Richtigkeit dieser These ergeben sich auf den verschiedensten Gebieten, zum Beispiel in der Umgangssprache. Der Begriff «etwas in ein Schubfach legen» ist ein Synonym für «klassifizieren», «einordnen», und bedeutet, daß etwas schwer Greifbares auf kleinem Raum dingfest gemacht wird, wo es leicht zu lokalisieren ist. Nach meiner Ansicht erfüllt das Einstufen von Menschen unter anderem auch diese wesentliche Funktion, sie «dingfest zu machen».

Grundsätzlich gibt es zwei Möglichkeiten, Menschen in ihrer Bewegungsfreiheit einzuschränken. Man kann sie physisch an die Kandare nehmen, indem man sie in Gefängnisse, Nervenkliniken und dergleichen mehr steckt, und man kann es symbolisch tun, indem man sie auf Berufe, soziale Rollen usw. festnagelt. Knebelung des zweiten Typs ist die im sozialen Alltag häufigere und verbreitetere; erst wenn diese symbolische oder sozial gesehen informelle Verhaltensfessel versagt, greift man zum physischen oder sozial gesehen förmlichen Mittel der Haft, der Gefangenhaltung.

Prüfen wir einmal nach, wie dieser Vorgang des informellen oder symbolischen Ankettens abläuft. Ein ausgezeichnetes Modell sind die bewaffneten Streitkräfte. Bei ihnen gibt es eine Gruppe von Leuten – ich werde sie «Klassifizierungsoffiziere» nennen –, deren Aufgabe darin besteht, jeden Rekruten zu einer besonderen Verrichtung einzuteilen, also zum Beispiel als Schreiber, Koch, MG-Schütze oder Mechaniker zu rubrizieren. Auf diese Weise wird jeder Mann auf eine Rolle festgelegt. Wenn er brav in dem ihm zugewiesenen «Schubfach» bleibt und durch gute Führung beweist, daß er auf diesen Platz gehört, wird er belohnt. Versucht er aber auszubrechen, sei es durch schlechte Leistungen oder durch die regelrechte Flucht, wird er bestraft. So machen wir es alle, wir Klassifizierungsoffiziere des Alltags – so klassifizieren und kontrollieren wir persönliches Verhalten. Mancher wird dies für das Zivilleben nicht gelten lassen wollen. Sicher sind die Einstufungen dort nicht so grobschlächtig, aber vorgenommen werden sie. Jetzt wird die Rolle des Klassifizierungsoffiziers, die in der Armee einige wenige spielen, auf die gesamte Gesellschaft aufgeteilt. Das ganze Gewicht der «öffentlichen Meinung» prägt es dem Individuum unablässig ein, es müsse bestimmte Rollen übernehmen – dieser oder jener Beschäftigung nachgehen, heiraten oder ledig bleiben. Jeder muß «etwas» sein. Nur Uneingestufte darf es nicht geben. Wer in seinen Entscheidungen und seinem Verhalten zu wählerisch ist und in kein «Schubfach» der Gesellschaft hineinpaßt, lenkt Argwohn und Feindschaft auf sich. Er bleibt Individuum, indem er die Anpassung an ein Klischee verweigert. Und mögen wir den Individualismus als ein abstraktes ethisches Ideal auch noch so schätzen, für Individuen haben wir meist nichts übrig, denn wir fühlen uns von ihnen oft zum Narren gehalten: Wir verstehen ihr Verhalten einfach nicht und können es, was noch schlimmer ist, auch nicht vorhersehen. Ein solches Individuum gilt häufig als eine Gefahr für andere.

VIII

Die Rolle des Institutionalen Psychiaters in der Gesellschaft läßt sich mit der des Klassifizierungsoffiziers in den Streitkräften vergleichen. Er muß in der öffentlichen Nervenklinik die eingewiesenen Menschen klassifizieren. Dieser Psychiater hat ein praktisches Problem: Er muß wissen, wie sich verschiedene «Patienten» im Krankenhaus benehmen werden, und auch, wie sie zu «behandeln» sind, damit bei ihnen bestimmte Verhaltensänderungen Platz greifen. Vergessen wir nicht, daß er vor allem eines nicht tolerieren kann – Ungewißheit. Was geisteskranke Patienten anbelangt, ist die angebliche Diagnose verhüllt und manchmal sogar ausdrücklich zugleich auch ihre Prognose.

Wie wir sahen, identifizieren und klassifizieren wir persönliches Verhalten gewöhnlich, damit wir es besser vorhersehen können. Im normalen Verlauf der Ereignisse ist dieser Prozeß der Verhaltenseinstufung derart eingefahren und funktioniert so reibungslos, daß wir ihn überhaupt nicht bemerken. Gewahr werden wir seiner erst, wenn er ins Stocken gerät. Doch selbst dann ist unsere Einsicht vorübergehender Natur: Kaum haben wir das Problem erkannt, da verschleiern wir es auch schon, indem wir eine neue Verhaltensklasse schaffen – die Klasse der Geisteskranken. Schauen wir einmal, wie das vor sich geht.

Wenn Menschen ihre sozialen Rollen richtig spielen, oder anders gesagt, wenn soziale Erwartungen angemessen erfüllt werden, gilt ihr Verhalten als normal. Obwohl eine Binsenwahrheit, sei es hier betont: Der Kellner muß bedienen, die Sekretärin tippen, die Mutter kochen und nähen und sich um die Kinder kümmern. Klassische psychiatrische Nosologen schwiegen sich über diese Leute aus, solange sie säuberlich in ihren jeweiligen sozialen Zellen eingesperrt blieben – solange sie wußten, «wo sie hingehören», wie man in Amerika bei Negern sagt. Aber sobald solche Personen aus der «Haft» entwichen und ihre Freiheit beanspruchten, wurden sie für den Psychiater interessant.

So stehen sich menschlich (nicht psychiatrisch) gesehen das Individuum, heute ein verdächtigter Geisteskranker, und der Psychiater als sein Diagnostiker gegenüber.

Der Kellner verweigert die Bedienung. Er setzt sich hinten ins Restaurant und bekritzelt unaufhörlich Papierfetzen. Über sein Treiben befragt, macht er ein finster-hochmütiges Gesicht und bleibt stumm, oder er vertraut Freunden an, er schreibe eine philosophische Abhandlung, an der die Welt genesen werde. Die Polizei schafft ihn in eine Nervenklinik. Bei der Mutter liegen die Dinge anders. Sie hockt niedergeschlagen da und weint. Gelegentlich springt sie auf, läuft durchs Zimmer und schreit, sie verdiene nicht zu leben. Ihr Mann bringt sie zu einem Arzt, der sie in eine Nervenklinik einweist. Wenige Tage nach ihrer Einlieferung flüstert sie einem ihrer Wärter ins Ohr, sie sei die Heilige Jungfrau.

Ich habe diese «psychiatrischen Vignetten» hier entworfen, um anschaulich zu machen, daß solche Menschen hauptsächlich deshalb «geisteskrank» genannt werden, weil sie sich anders verhalten, als man es von ihnen erwartet. Wir können solche Personen als Individuen betrachten, die sich einer sozialen Schablone entzogen haben, um eine andere aufzugreifen, etwa wie der Häftling, der sich einen Fluchttunnel gräbt – und doch nur in einer anderen Gefängniszelle landet. Sagen wir es so: Der «Psychiatriepatient» ist eine Person, die es versäumt oder verweigert, eine legitime soziale Rolle zu übernehmen. Das ist weder in unserer noch in irgendeiner anderen Kultur gestattet. Ein nicht eingestufter Mensch ist unberechenbar, unbegreiflich – und damit eine Gefahr für die übrigen Mitglieder der Gesellschaft. Deshalb müssen diejenigen, die diesen Weg der persönlichen Befreiung einschlagen, dafür auch so teuer bezahlen. Obwohl ihnen die Flucht aus ihren jeweiligen Zellen gelingt, bleiben sie nicht lange auf freiem Fuße. Gleich fängt man sie wieder ein. Zunächst symbolisch im Netz der Klassifizierung «geisteskrank», dann physisch, indem man sie zum Psychiater schleppt, damit der sie ordnungsgemäß psychiatrisch identifiziert und einsperrt. Was kann der Psychiater tun, wenn er solchen Personen gegenübersteht? Er klassifiziert sie, wie es sich für einen guten Klassifizierungsoffizier gehört. Manche nennt er «schizophren», manche «manisch depressiv», manche «hysterisch», und so fort. Mit psychiatrischen Klassifikationen in dieser Form wird hauptsächlich ein strategischer Zweck verfolgt. Erstens sollen diejenigen, bei denen eine Anstaltsunterbringung erforderlich oder berechtigt ist, von denjenigen getrennt werden, die für diese Maßnahme nicht in Frage kommen; zweitens sollen diejenigen, die zu einer Zusammenarbeit mit der Anstaltsleitung fähig und bereit sind, von denjenigen getrennt werden, die es nicht sind. Eine solche Klassifizierung dient eindeutig nur den Interessen der Psychiater. Sie hilft den Patienten nicht, und sie soll es auch gar nicht. Der Grund dafür liegt nicht in irgendeinem moralischen Defekt des Psychiaters, sondern in der Situa-

173

tion: Man kann kein Klassifizierungsoffizier sein, ohne zu klassifizieren! In dieser Rolle gleicht der Psychiater dem Richter. Er muß über andere Menschen «im Namen des Volkes» Urteile fällen oder seine Rolle aufgeben.

Als Klassifizierungsoffizier erfüllt der Psychiater sowohl für das Nervenkrankenhaus als auch für die Gesellschaft, der er dient, wichtige Aufgaben. Vor allem legitimiert und definiert er die betreffende Institution als «Nervenkrankenhaus», das nur mit geistig-seelisch Kranken belegt wird. Psychiater behaupten oft, in Nervenkrankenhäusern säßen keine «normalen» Menschen. Darüberhinaus möchte die Gesellschaft gern immer wieder versichert haben, daß dort niemand zu Unrecht hineingelangt. Meinte ein Richter in Chicago: «Dies ist das einzige Gericht, vor dem der Beklagte immer gewinnt. Wenn er freigelassen wird, heißt das, daß er gesund ist. Wenn er in eine Anstalt eingewiesen wird, dient es nur seinem Besten.»[19]

Lehrreich ist auch, daß wir einen Strafbarkeitsbefund ganz anders auffassen als einen Geisteskrankheitsbefund. Im Strafprozeß spielt die Jury die Rolle des Klassifizierungsoffiziers; sie entscheidet, wer verurteilt und wer freigesprochen werden soll. Wird der Angeklagte für schuldig befunden, kann er ins Gefängnis kommen. Daher versteht sich, daß Gefängnisinsassen Menschen sind, die einer Straftat überführt wurden, und daß diese «Diagnose» ein von Menschen verhängtes Urteil ist und kein Naturereignis. In einem Urteil können Irrtümer unterlaufen. Deshalb sind in unser Rechtssystem umfangreiche Sicherungen eingebaut, anhand derer sich solche Irrtümer aufdecken und berichtigen lassen.

Auf der anderen Seite wird heute mit großem Nachdruck propagiert, Geisteskrankheit als eine Tatsache und nicht als ein Urteil zu betrachten. Demgemäß ist die Versicherung, in Nervenkliniken säßen keine normalen Menschen ein, etwas ganz anderes als die Feststellung, daß in Gefängnissen keine Unschuldigen sitzen. Eher ergibt sich hier eine

Parallele zu der Erklärung, in zoologischen Gärten hingen keine französischen Impressionisten. Laut Begriffsbestimmung sind die in zoologischen Gärten verwahrten und klassifizierten Objekte Tiere, keine Bilder. Ich will damit sagen, *daß der Klassifikationsakt in der Psychiatrie die Funktion einer Definition der sozialen Wirklichkeit hat.* Demnach kann kein Insasse einer Heilanstalt «normal» sein, weist ihn doch gerade seine Unterbringung in der Anstalt als «geisteskrank» aus. Aber genausogut ließe sich behaupten: Sollte man in einem Zookäfig ein Gemälde von Renoir erblicken, muß es sich um ein Tier handeln. Nachdem wir alle in solchen Käfigen verwahrten Objekte als Tiere definiert haben, können wir keinen anderen Schluß ziehen.

Ganz sicher ist es kein Zufall, daß außer Freud und Adler alle, die sich in der Psychiatrie einen großen Namen gemacht haben, an staatlichen Heilanstalten oder ähnlichen Instituten tätig gewesen waren. Ja, Kolle merkt stolz an: «Psychiatrie in ihrer heutigen Gestalt geht zurück auf die Anstaltspsychiatrie. ... Kraepelin war, wie alle Irrenärzte des 19. Jahrhunderts, in Anstalten groß geworden.»[20]

Die Ketten, die Pinel den Irren abgenommen hatte, wurden ihnen von den großen psychiatrischen Nosologen wieder angelegt. Freilich entsprachen die neuen Ketten den Normen der modernen Hygiene und Menschlichkeit: Sie bestanden nicht aus Eisen, sondern aus Worten, und angeblich sollten sie auch nicht knebeln, sondern heilen. Dabei hat Emerson schon vor über einem Jahrhundert festgestellt: «Wir verrecken an Worten. Wörterbücher sind unsere Henkers- und Folterknechte ... Es scheint, als müßte auf das gegenwärtige Zeitalter der Wörter natürlicherweise eines des Schweigens folgen, in dem die Menschen nur noch in Tatsachen sprechen und so wieder gesund werden.»[21]

Emersons «Diagnose» war scharfsinnig, aber seine «Prognose» hätte nicht unrichtiger ausfallen können. Er glaubte, die von ihm diagnostizierte semantische Krankheit sei bereits in die Krise eingetreten und der Patient befinde sich auf dem Wege der Besserung. Doch in Wirklichkeit war das, was er sah, eine leichte Erkrankung, die erst fast einhundert Jahre später epidemische Ausmaße annahm. Zu Emersons Lebzeiten lag die wirkliche Verderbtheit der Sprache im Dienste der Versklavung des Menschen weder in der Vergangenheit noch in der Gegenwart, sondern in der Zukunft.

IX

Das Klassifizieren eines Menschen nach seinem Verhalten ist meines Erachtens gewöhnlich ein Mittel zu dem Zweck, ihm Beschränkungen aufzuerlegen. Das gilt besonders für das psychiatrische Klassifizierungswesen, dessen traditionelles Ziel es immer war, die sozialen Kontrollen, denen sogenannte geisteskranke Patienten unterworfen wurden, zu rechtfertigen. Aber derart kujonieren kann man einen anderen Menschen nur unter der Voraussetzung, daß man auch die Macht dazu hat. Wenn meine Ausführungen über das psychiatrische Klassifizieren der Wahrheit entsprechen, müßte sich herausstellen, daß solche Einstufungen viel öfter mit Armen und Hilflosen als mit Reichen und Mächtigen vorgenommen werden. Und genau das stellt sich auch heraus.

Unsere Gesellschaft kennt zwei Formen von Zugehörigkeit, die Menschen gegen ihren Willen aufgedrängt werden können – Kriminalität und Geisteskrankheit. Diese Klassen unterscheiden sich von denjenigen, deren Mitgliedschaft man erwerben oder ablehnen kann. Es trifft auch zu, daß Kriminalität und Geisteskrankheit in den unteren sozialen Schichten am weitesten verbreitet und in den höheren Klassen am seltensten sind. Es gibt da einen zynischen Spruch: Wer fünf Dollar stiehlt, ist ein Dieb, wer fünf Millionen stiehlt, ist ein Finanzmann. Der Grund dafür liegt auf der Hand. Der kleine Taschendieb ist leichter zu knebeln als der einflußreiche Kapitalist. Nicht anders steht es mit den menschlichen Ereignissen, die wir Geisteskrankheit nennen. Das Problem, das eine reiche Frau nach Reno treibt, wird eine arme Frau wahrscheinlich ins staatliche Krankenhaus treiben. Wenn sich ein Fleischer, Bäcker oder Kerzenhaltermacher von den Kommunisten verfolgt wähnt, kann man ihn mühelos in die Nervenklinik stecken, aber wer würde zum Beispiel einen von den gleichen Wahnvorstellungen geplagten Verteidigungsminister einsperren? Wie diese Beispiele zeigen, heißt einen Menschen psychiatrisch diagnostizieren, ihm Beschränkungen aufzuerlegen. Doch wie kann wohl der Schwache den Starken knebeln?

Viele dieser Gedanken sind keineswegs neu. Sartre zum Beispiel hat sowohl in seinen Schriften als auch in seinem Leben die Ansicht vertreten, daß man einem Menschen Fesseln anlegt, indem man ihn in Kategorien einordnet. Nach Sartres Beobachtung besteht der wesentliche Unterschied zwischen einem Ding und einer Person darin, daß ein Ding nicht auf die Einstellung reagiert, die wir zu ihm haben, während eine Person dies tut.

Im Prinzip läßt sich jede zugeschriebene Rolle, nicht nur die des geisteskranken Patienten, als eine Beschränkung erleben. Selbst die Rolle eines Nobelpreisträgers! Aus diesem Grunde, meine ich, hat Sartre diese Auszeichnung abgelehnt. «Ich schließe mich keiner Beschreibung meiner selbst an, die ein anderer von mir gibt», erklärte er dem Korrespondenten der Zeitschrift *Life*. «Mögen mich die Leute für ein Genie, einen Pornographen, einen Kommunisten, einen Bourgeois halten – wie sie wollen. Ich selber denke über andere Dinge nach.»[22] In Sartres Augen ist also jede Klassifizierung einer Person ohne deren Zustimmung eine Verletzung ihrer persönlichen Integrität, genau wie eine chirurgische Operation ohne Einwilligung des Patienten dessen körperliche Integrität verletzt.

In eine Kategorie gesteckt, als eine Person dieses oder jenes Schlages diagnostiziert zu werden, erscheint von dieser Warte aus betrachtet als schwerwiegende Freiheitsberaubung. Und natürlich trifft diese Auffassung den Nagel auf den Kopf. Aber die meisten Menschen empfinden die Freiheit als eine zu schwere Last. Sie entziehen sich ihr durch die Flucht in die Sicherheit einer fixierten Identität.

Jedoch Sartre hat eine Identität, und zwar die des furchtlosen Denkers, für den nichts undenkbar ist. Er sagt das mit Worten, die sich von denen Freuds nicht unterscheiden lassen: «Ich bin kein Pessimist, wie man von mir gesagt hat; ich bin eine Person, die versuchte, Menschen sich selbst gegenüber durchschaubarer zu machen, und ebendeswegen mag man mich nicht. Ich ängstige die Leute. Ich möchte sagen, daß sich die Mehrzahl der Menschen immer gefürchtet hat zu denken. Stendhal schrieb seinerzeit: ‹Ein schlüssiger Gedankengang erregt immer Anstoß›. Das trifft auch heute noch weitgehend zu.»[23]

Mit dem Stendhal-Wort ist hier die Weigerung gemeint, herkömmliche Kategorien zu akzeptieren. Demgemäß möchte Sartre sich wie vor ihm Freud in eine Kategorie stellen, die eine Metakategorie ist: Er konstruiert und prüft Kategorien und gruppiert sie um, aber er selber gehört in keine. Eine Person, mit anderen Worten, ist der Mensch nur als kategorisierendes Subjekt; als kategorisiertes Objekt wird er zum Ding.

Sartres Ablehnung des Nobelpreises veranlaßte *Science* zu einem sonderbar griesgrämigen Kommentar[24], in dem er als «Atheist-Existentialist» beschrieben und ein Vergleich zwischen seinen Ansichten und denen Bergsons gezogen wurde: «Während Bergson unverhüllt gegen die Wissenschaft ist, scheint Sartre die Wirkung der Wissenschaft zu akzeptieren, ignoriert sie aber.» Nach einer ganzen Reihe solcher verschwommen-kritischen Bemerkungen über Sartre als Person und Denker endet der Artikel mit dieser aufschlußreichen Sentenz: «Es könnte etwas über die transzendentalen Eigenschaften der Wissenschaft aussagen, daß noch niemand sich genötigt fühlte, einen Nobelpreis für Physik, Chemie oder Medizin abzulehnen.»[25]

Das ist ein verblüffender Kommentar zu den Unterschieden zwischen Natur- und Moralwissenschaft, zwischen dem Studium der Dinge und dem des Menschen. Zwar würde ich Wissenschaft nicht so ohne weiteres als «transzendental» bezeichnen, doch stimmt es, daß die Naturwissenschaft des Universums mit den Mitteln der genauen Beschreibung und der angemessenen wissenschaftlichen Strategie Herr zu werden sucht. Aber die Wissenschaft vom Menschen kann nicht das gleiche Ziel haben, wenn sie ihre sittliche Würde behalten soll. Sie muß ihren Forschungsgegenstand nicht unterwerfen, sondern befreien wollen. Und das erfordert andere Methoden als die der Naturwissenschaften.

Tatsächlich ist das Zentralproblem der Naturwissenschaft in einer entscheidenden Hinsicht das genaue Gegenteil dessen der Moralwissenschaft. Wohl suchen beide ihre Beobachtungsobjekte zu verstehen, allein zu verschiedenen Zwecken. Die Naturwissenschaft will sie dadurch besser kontrollieren können, während die Moralwissenschaft auf diese Weise ihre Fähigkeit verbessern möchte, sie unangetastet zu lassen.

Wie gesagt – so schwierig das Klassifizieren von Dingen sein mag, noch schwieriger ist es, sie nicht zu klassifizieren, das heißt, das Urteil auszusetzen und den Einstufungsakt aufzuschieben. Jetzt können wir ergänzend hinzufügen: So schwierig das Beherrschen von Menschen auch sein mag, noch schwieriger ist es, sie nicht zu beherrschen, nämlich ihre Selbständigkeit anzuerkennen und ihre persönliche Freiheit zu achten.

X

Ich habe hier also den Gedanken entwickelt, daß jemanden
psychiatrisch zu klassifizieren bedeutet, ihn zu erniedrigen,
ihm seine Menschlichkeit zu rauben und ihn dadurch in ein
Ding zu verwandeln.

Auf den ersten Blick mag diese Ansicht nihilistisch erscheinen. Man könnte einwenden, daß menschliches Verhalten
ja schließlich Schwankungen und Veränderungen kennt. Ist
es nicht irrational und wissenschaftsfeindlich, sie *nicht*
klassifizieren zu wollen?

Um es noch einmal zu sagen: Ich bezweifle nicht das «Vorhandensein» oder die «Wirklichkeit» von Unterschieden im
menschlichen Verhalten. Die Behauptung, John sei deprimiert und James paranoisch, kann genauso «wahr» sein
wie die, daß John dick und James dünn sei. Aber dieses
Problem beschäftigt uns hier nicht.

Das Problem, welches der Psychiatrie und der Gesellschaft
so zugesetzt hat und mit dem ich mich hier befasse, ist
nicht die Existenz oder Realität verschiedener persönlicher
Verhaltensformen, sondern *der Kontext, das Wesen und
das Ziel des Klassifikationsakts.* So ist es eine Sache zuzugeben, daß Neger eine schwarze Haut und Weiße eine
rosige haben, aber eine ganz andere, einen Neger als «Nigger» zu bezeichnen und ihm einen entsprechend unterge-
ordneten Platz zuzuweisen. Nach meiner Meinung gleicht
die Wirklichkeit von Verhaltensunterschieden der Wirklichkeit von Abweichungen in der Hautpigmentation, und
ich glaube auch, daß psychiatrische Diagnosen allgemein
dieselbe sprachliche und soziale Funktion haben wie das
Wort «Nigger». Wer sich weigert, Neger als «Nigger» zu
bezeichnen, lehnt es damit nicht unbedingt ab, Rassenun-
terschiede zwischen Schwarzen und Weißen anzuerkennen.
Ebenso bedeutet die Weigerung, Menschen mit Hilfe
psychiatrischer Diagnosen zu erniedrigen, noch lange nicht
die Weigerung, moralische, psychologische und soziale Un-

terschiede zwischen Menschen anzuerkennen. Nur wird es damit Leuten, die als geistig-seelisch gesund gelten, schwerer gemacht, als geisteskrank betrachtete Menschen zu erniedrigen und zu mißhandeln.

Einleitung

[1] Rome, H. P., «Psychiatry and foreign affairs: The expanding competence of psychiatry.» *Amer. J. Psychiatry,* 125:725–30 (Dez.) 1968, S. 729. – Deutsch aus Szasz, *Fabrikation,* S. 430.

[2] Sachar, E. J., «Behavioral science and the criminal law.» *Scientific American,* 209:39–45 (Nov.) 1963, S. 41.

[3] Burnham, D., «Convicts treated by drug therapy.» *The New York Times,* 8. Dez. 1968, S. 17.

[4] Menninger, K., *The Crime of Punishment* (New York, Viking 1968). S. 17.

[5] Jellinek, R. M., «Revenger's tragedy.» *The New York Times,* 27. Dez. 1968, S. 31.

[6] Szasz, T. S., *The Manufacture of Madness: A Comparative Study of the Inquisition and the Mental Health Movement* (New York, Harper & Row; London, Routledge & Kegan Paul 1971; Deutsch unter dem Titel *Die Fabrikation des Wahnsinns,* Walter Verlag, Olten und Freiburg im Breisgau, 1974).

[7] Sachar, op. cit. S. 41–42.

[8] Grinker, R. R. Sr., «Emerging concepts of mental illness and models of treatment: The medical point of view.» *Amer. J. Psychiatry,* 125:865–69 (Jan.) 1969, S. 866.

1. Der Mythos der Geisteskrankheit

[1] Siehe Szasz, T. S., *Pain and Pleasure: A Study of Bodily Feelings* (New York, Basic Books 1957), Besonders S. 70–81; «The problem of psychiatric nosology.» *Amer. J. Psychiatry,* 114; 405–13 (Nov.) 1957.

[2] Siehe Szasz, T. S., *The Ethics of Psychoanalysis: The Theory and Method of Autonomous Psychotherapy* (New York Basic Books 1965).

[3] Siehe Szasz, T. S., *Law, Liberty, and Psychiatry: An Inquiry into the Social Uses of Mental Health Practices* (New York, Macmillan 1963).

[4] Peters, R. S., *The Concept of Motivation* (London, Routledge & Kegan Paul, 1958), insbes. S. 12–15.

[5] Hollingshead, A. B. and Redlich, F. C., *Social Class and Mental Illness* (New York, Wiley 1958).

[6] Zitiert in Jones, E.: *The Life and Work of Sigmund Freud* (New York, Basic Books 1957), Bd. III S. 247; dtsch. aus Szasz, *Mythos,* S. 171.

[7] Siehe in diesem Zusammenhang Langer, S. K., *Philosophie auf neuem Wege; das Symbol im Denken, im Ritus und in der Kunst,* Hamburg 1965.

2. Die Ethik der Psychohygiene

[1] Siehe Szasz, T. S., *Geisteskrankheit – Ein moderner Mythos?* (Olten und Freiburg im Breisgau 1972).

[2] Popper, K. R., *Die offene Gesellschaft und ihre Feinde,* Bd. 1 und 2; Bern und München, 1970.

[3] Fromm, E., *Die Furcht vor der Freiheit,* Zollikon-Zürich, 1945.

[4] Zitiert in *The New York Times,* 31. August 1964, S. 8.

[5] «The trial of Iosif Brodsky: A transcript.» *The New Leader,* 47:6–17 (31. Aug.) 1964.

[6] Ibid., S. 14.

[7] Ein Vergleich des sowjetischen Straf- und des amerikanischen Psychohygiene-Rechts in Szasz, T. S.: *Law, Liberty, and Psychiatry: An Inquiry into the Social Uses of Mental Health Practices* (New York, Macmillan 1963), S. 218–21.

[8] «The trial of Iosif Brodsky», op. cit. S. 14.

[9] Siehe Szasz, *Law, Liberty, and Psychiatry, supra,* Kap. 17.

[10] Tarsis, V., *Ward 7: An Autobiographical Novel,* übs. v. Katya Brown (London and Glasgow, Collins and Harvill 1965).

[11] «Roche Report: Community psychiatry and mental hospitals.» *Frontiers of Hospital Psychiatry,* 1:1–2 & 9 (15. November) 1964.

[12] Ibid., S. 2.

[13] Ibid.

[14] Ibid.

[15] Ibid., S. 9.

[16] Ibid.

[17] Weitere Diskussion in Szasz, T. S., «*Whether Psychiatry?*», in: «*Ideology and Insanity*», S. 218, New York, 1970.

[18] Kennedy, J. F., *Message from the President of the United States Relative to Mental Illness and Mental Retardation,* 5. Februar 1963, 88. Kongr., 1. Sg., H. Rep., Dok. Nr. 58; Nachdruck in *Amer. J. Psychiatry,* 120:729–37 (Febr.) 1964, S. 730. Deutsch in Szasz, *T. S., Die Fabrikation des Wahnsinns, Olten und Freiburg im Breisgau Walter Verlag, 1974),* S. 48f. u. 427f.

[19] Caplan, G., *Principles of Preventive Psychiatry* (New York, Basic Books 1964), S. 3.

[20] Ibid.

[21] Zitiert in Gorman, M., «Psychiatry and public policy», *Amer. J. Psychiatry,* 122: 55–60 (Jan.) 1965, S. 56.

[22] Parkinson, C. N., *Parkinsons Gesetze und andere Untersuchungen über die Verwaltung,* Düsseldorf 1965.

[23] Caplan, op. cit. S. 56. Deutsch in Fabrikation, S. 314.

[24] Ibid., S. 59.

[25] Ibid., S. 62–63.
[26] Ibid., S. 65.
[27] Ibid.
[28] Ibid., S. 79. Deutsch in Fabrikation, S. 313.
[29] Siehe Szasz, *Geisteskrankheit – Ein moderner Mythos?* sowie «Der Mythos der Geisteskrankheit», in diesem Band S. 22–37.
[30] Soddy, K., Hrsg., *Cross-Cultural Studies in Mental Health: Identity, Mental Health, and Value Systems* (Chicago, Quadrangle 1962), S. 70.
[31] Ibid., S. 72.
[32] Ibid., S. 73.
[33] Ibid., S. 75–76.
[34] Ibid., S. 82.
[35] Ibid., S. 106.
[36] Ibid., S. 173.
[37] Ibid., S. 186.
[38] Davis, K., «The application of science to personal relations: A critique of the family clinic idea.» *Amer. Sociological Rev.*, 1:236–47 (April) 1936, S. 238.
[39] Ibid., S. 241.
[40] Ibid.
[41] Soddy, op. cit., S. 209.
[42] Ibid., S. 208.
[43] Blain, D., «Action in mental health: Opportunities and responsibilities of the private sector of society.» *Amer. J. Psychiatry*, 121:422–27 (Nov.) 1964, S. 425.
[44] Ibid.
[45] Davis, op. cit., S. 241–42.
[46] Ibid., S. 242–43.
[47] Ibid., S. 243.
[48] Siehe Szasz, T. S., «Psychoanalysis and taxation: A contribution to the rhetoric of the disease concept in psychiatry.» *Amer. J. Psychotherapy*, 18: 635–43 (Okt.) 1964; «A note on psychiatric rhetoric.» *Amer. J. Psychiatry*, 121:1192–93 (Juni) 1965.
[49] Davis, op. cit., S. 244.
[50] Ibid., S. 245.
[51] Wortis, J., und Freundlich, D.: «Psychiatric work therapy in the Soviet Union.» *Amer. J. Psychiatry*, 121:123–25 (Aug.) 1964, S. 123.
[52] Ibid.
[53] Ibid., S. 124.
[54] Ibid., S. 127.
[55] Szasz, T. S., «Review of *The Economics of Mental Illness*, by Rashi Fein (New York, Basic Books, 1958).» *AMA Archives of General Psychiatry*, 1:116–18 (Juli) 1959.

185

3. Psychiatrie – Schleichhandel mit menschlichen Werten

[1] Siehe Szasz, T. S., «Der Mythos der Geisteskrankheit», in diesem Band S. 22–37.

[2] «Therapeutic abortion.» *MD, The Medical Newsmagazine,* Dezember 1958, S. 61.

[3] «Colorado abortions rise following law revision.» *Psychiatric News,* 3:10 (Juli) 1968.

[4] «5,000 legal abortions done in California in 9 months.» *Hospital Tribune,* 18. Nov. 1968, S. 3.

[5] Siehe Szasz, T. S., «The ethics of birth control; or, who owns your body?» *The Humanist,* 20:332–36 (Nov.-Dez.) 1960.

[6] Siehe dazu Szasz, T. S., «Psychiatrisches Klassifizieren als eine Strategie zur Persönlichkeitsknebelung», in diesem Band S. 148–181.

[7] Szasz, T. S., «Der Mythos der Geisteskrankheit», *supra.*

4. Zurechnungsunfähigkeit vor Gericht

[1] *Daniel M'Naghten's Case,* 10 CL. & Fin. 200, 8 Eng. Rep. 718, 1843.

[2] *Durham* v. *United States,* 214 F. 2d 862 (D. C. Cir.) 1954.

[3] Ibid., S. 874–75.

[4] *United States* v. *Freeman,* 357 F. 2d 606 (2d Cir.) 1966.

[5] Ibid., S. 622; siehe auch *Model Penal Code,* Par. 4.01, endgültiger Entwurf, 1962.

[6] *United States* v. *Freeman, supra,* S. 622.

[7] Siehe auch *United States* v. *Currens,* 290 F. 2d 751 (3d Cir.) 1961.

[8] «Disease fear.» *Parade,* 13. Febr. 1966, S. 14.

[9] Visotsky, H., «Community psychiatry: We are willing to learn.» *Amer. J. Psychiatry,* 122:692–93 (Dez.) 1965, S. 692.

[10] Bockoven, S., «The moral mandate of community psychiatry in America.» *Psychiatric Opinion,* 3:32–39 (Winter) 1966, S. 34.

[11] Weitere Erörterung und Dokumentation in Szasz, T. S., «Psychiatrisches Klassifizieren als eine Strategie der Persönlichkeitsknebelung», in diesem Band S. 148–181; «Anstaltsunterbringung Geisteskranker wider ihren Willen – ein Verbrechen gegen die Menschlichkeit», in diesem Band S. 97–126.

[12] Weaver, R. M., *Ideas Have Consequences* (1948) (Chicago, Phoenix Books 1962), S. 11.

[13] Siehe z.B. Shindell, S., *The Law in Medical Practice* (Pittsburgh, The University of Pittsburgh Press, 1966), insbesondere die Seiten 16–32.

[14] Siehe *Hearings on Constitutional Rights of the Mentally Ill,* 87th Cong., 1st Sess., Part 1 (Washington, D. C., U. S. Government Printing Office 1961), S. 43.

[15] Siehe z.B. *New York Mental Hygiene Law,* par. 72 (1).

[16] McGee, H., Statement, in *Hearings on Constitutional Rights of the Mentally Ill,* Teil 2, *supra,* S. 659.

[17] *Hearings on S. 935 to Protect the Constitutional Rights of the Mentally Ill,* 88th Cong., 1st Sess. (Washington, D. C., U. S. Government Printing Office 1963), S. 215.

[18] *New York Mental Hygiene Law,* par. 206 (5), S. 210–11.

[19] Siehe «Should addicts be locked up?» *New York Post Magazine,* 6. März 1966, S. 3.

[20] *Dennison* v. *State,* 49 Misc. 2d 533, 267 N. Y. S. 2d 920 (Ct. Cl.) 1966.

[21] Ibid., S. 924.

[22] Ibid.

[23] Traver, R., *Anatomie eines Mordes,* Gütersloh, 1962.

[24] Siehe Kaplan, J., und Waltz, J. R., *The Trial of Jack Ruby.*

[25] Siehe z.B. *D. C. Code Ann.,* par. 24–301, 1961; *Ohio Rev. Code Ann.,* par. 2945.39, 1954.

[26] *D. C. Code Ann.,* par. 24–301 (d), 1961.

[27] *United States* v. *Freeman,* op. cit. S. 626.

[28] Mill, J. S., *Über Freiheit* (Frankfurt, Wien), S. 83.

[29] Siehe *Cameron* v. *Fisher,* 320 F. 2d 731 (D. C. Cir.) 1963; *Overholser* v. *Lynch,* 288 F. 2d 388 (D. C. Cir.) 1961.

[30] *Lynch* v. *Overholser,* 369 U. S. 705, 1962.

[31] London, J., *Die eiserne Ferse,* Zürich 1948.

[32] Ibid., S. 163.

[33] Siehe Szasz, T. S., «Anstaltsunterbringung Geisteskranker wider ihren Willen – ein Verbrechen gegen die Menschlichkeit», *supra.*

5. Anstaltsunterbringung Geisteskranker wider ihren Willen – ein Verbrechen gegen die Menschlichkeit

[1] Szasz, T. S., «Commitment of the mentally ill: Treatment or social restraint?» *J. Nerv. & Ment. Dis.* 125:293–307 (April–Juni) 1957.

[2] Szasz, T. S., *Law, Liberty, and Psychiatry: An Inquiry into the Social Uses of Mental Health Practices* (New York, Macmillan 1963), S. 149–90.

[3] Ibid., S. 223–55.

[4] Davis, D. B., *The Problem of Slavery in Western Culture* (Ithaca, N.Y., Cornell University Press 1966).

[5] Siehe Cohen, R., «Slavery in Africa.» *Trans-Action* 4:44–56 (Jan.–Febr.) 1967; Tobin, R. L., «Slavery still plagues the earth.» *Saturday Review,* 6. Mai 1967, S. 24–25.

[6] Slovenko, R., «The psychiatric patient, liberty, and the law.» *Amer. J. Psychiatry,* 121:534–39 (Dez.) 1964, S. 536.

[7] Felix, R. H., «The image of the psychiatrist: Past, present, and future.» *Amer. J. Psychiatry,* 121:318–22 (Okt.) 1964, S. 320. – Deutsch in Szasz, *Fabrikation,* S. 173.

[8] Guttmacher, M. S., «Critique of views of Thomas Szasz on legal psychiatry.» *AMA Arch. Gen. Psychiatry,* 10:238–45 (März) 1964, S. 244.

[9] Felix, op. cit., S. 231. – Deutsch in Szasz, *Fabrikation,* S. 98.

[10] Siehe Szasz, T. S., «Der Mythos der Geisteskrankheit», in diesem Band S. 22–37; *Geisteskrankheit – Ein moderner Mythos?* (Olten und Freiburg im Breisgau, Walter Verlag 1972); «Mental illness is a myth.» *The New York Times Magazine,* 12. Juni 1966, S. 30 und 90–92.

[11] Siehe zum Beispiel Noyes, A. P., *Modern Clinical Psychiatry,* 4. Aufl. (Philadelphia, Saunders 1956), S. 278.

[12] Szasz, T. S., «The ethics of birth control; or, who owns your body?» *The Humanist,* 20:332–36 (Nov.–Dez.) 1960.

[13] Hirsch, B. D., «Informed consent to treatment.», in Averbach, A., und Belli, M. M., Herausgeber, *Tort and Medical Yearbook* (Indianapolis, Bobbs-Merrill 1961), Bd. I, S. 631–38.

[14] Mill, J. S., *Über Freiheit,* Frankfurt und Wien, S. 20.

[15] Rosen, G., «Social attitudes to irrationality and madness in 17th and 18th century Europe.» *J. Hist. Med. & Allied Sciences,* 18:220–40 (1963) S. 223. – Deutsch aus Szasz, *Fabrikation,* S. 46.

[16] Packard, E. W. P., *Modern Persecution, or Insane Asylums Unveiled,* 2 Bde. (Hartford; Case, Lockwood, and Brainard 1873).

[17] Illinois Statute Book, Sessions Laws 15, Section 10, 1851. Zitiert in Packard, E. P. W., *The Prisoner's Hidden Life* (Chicago, Selbstverlag, 1868), S. 37; deutsch in Szasz, *Fabrikation,* S. 47.

[18] Mill, J. S., *Die Hörigkeit der Frau* (3. Aufl. 1891).

[19] Siehe z.B. Tschechov, A. P., Krankenzimmer Nr. 6, in *Weiberwirtschaft,* Meistererzählungen, 2. Aufl., Berlin 1968. – De Assis, M., *The Psychiatrist* (1881–82), in De Assis, M., *The Psychiatrist and Other Stories* (Berkeley u. Los Angeles, University of California Press 1963), S. 1–45. – London, J., *Die eiserne Ferse,* (Zürich, 1948). – Porter, K. A., *Noon Wine* (1937), in Porter, K. A., *Pale Horse, Pale Rider: Three Short Novels* (New York, Signet 1965), S. 62–112. – Kesey, K., *One Flew Over the Cuckoo's Nest* (New York, Viking 1962). – Tarsis, V., *Ward 7: An Autobiographical Novel* (London u. Glasgow, Collins and Harvill 1965).

[20] Siehe Szasz, T. S., «Alcoholism: A socio-ethical perspective.» *Western Medicine,* 7:15–21 (Dez.) 1966.

[21] Siehe z.B. Rogow, A. A., *James Forrestal: A Study of Personality, Politics, and Policy* (New York, Macmillan 1964); eine detaillierte Kritik dieser Ansicht gibt Szasz, T. S., in «Psychiatrisches Klassifizieren als eine Strategie der Persönlichkeitsknebelung», in diesem Band S. 148–181.

[22] Szasz, T. S., *Psychiatric Justice* (New York, Macmillan 1965).

[23] «The Unconscious of a Conservative: A Special Issue on the Mind of Barry Goldwater.» *Fact*, Sept.–Okt. 1964.

[24] Zeligs, M. A., *Friendship and Fratricide: An Analysis of Whittaker Chambers and Alger Hiss* (New York, Viking 1967).

[25] Freud, S., u. Bullitt, W. C., *Thomas Woodrow Wilson: A Psychological Study* (Boston, Houghton Mifflin 1967).

[26] Zitiert in Schweitzer, A., *Die psychiatrische Beurteilung Jesu*, 2. Aufl. (Tübingen 1933).

[27] Arendt, H., *Eichmann in Jerusalem. Ein Bericht von der Banalität des Bösen*, München, 1965, S. 53.

[28] Umfassend wird diese These behandelt und dokumentiert in Szasz, T. S., *Die Fabrikation des Wahnsinns* (Olten und Freiburg, 1974).

[29] Hayek, F. A., *Die Verfassung der Freiheit* (Tübingen 1971).

[30] Mabbott, J. D., «Punishment» (1939), in Olafson, F. A., Herausg., *Justice and Social Policy: A Collection of Essays* (Englewood Cliffs, N. J., Prentice-Hall 1961), S. 39–54.

[31] Dokumentation dazu in Szasz, T. S., *Law, Liberty, and Psychiatry: An Inquiry into the Social Uses of Mental Health Practices* (New York, Macmillan 1963); *Psychiatric Justice* (New York, Macmillan 1965).

[32] Weitere Erörterung und detaillierte Darstellung der Ähnlichkeiten zwischen Inquisition und Institutionaler Psychiatrie in Szasz, T. S., *Die Fabrikation des Wahnsinns, supra;* siehe zumal Vorwort und die Kap. 1–9.

[33] Davis, op. cit., passim.

[34] Ibid., S. 70.

[35] Stock, R. W., «The XYY and the criminal», *The New York Times Magazine*, 20. Okt. 1968, S. 30–31 u. 90–104; Kallman, F. J., «The Genetics of Mental Illness», in Arieti, S., Herausg., *American Handbook of Psychiatry* (New York, Basic Books 1959), Bd. I, S. 175–96.

[36] Caplan, G., *Principles of Preventive Psychiatry* (New York, Basic Books 1964).

[37] Siehe z.B. Srole, L., Langer, T. S., Mitchell, S. T., Opler, M. K. u. Rennie, T. A. C., *Mental Health in the Metropolis: The Midtown Manhattan Study* (New York, McGraw-Hill 1962).

[38] Noyes, A. P. u. Kolb, L. C., *Modern Clinical Psychiatry*, 5. Aufl. (Philadelphia, Saunders 1958).

[39] Szasz, T. S., «Der Mythos der Geisteskrankheit», *supra*.

[40] Dumond, D. L., *Antislavery: The Crusade for Freedom* (Ann Arbor, Univ. of Michigan Press 1961), S. 4.

[41] Henderson, D. u. Gillespie, R. D., *A Textbook of Psychiatry*, 7. Aufl. (London, Oxford University Press 1950), S. 684.

[42] Hollingshead, A. B. u. Redlich, F. C., *Social Class and Mental Illness* (New York, Wiley 1958).

[43] Siehe z.B. Rogow, op. cit.

[44] Ibid., S. xxi, 44, 344–47.

[45] Elkins, S. M., *Slavery: A Problem in American Institutional and Intellectual Life* (1959) (New York, Universal Library 1963), S. 10.

[46] Siehe z.B. Linn, L., *A Handbook of Hospital Psychiatry* (New York, International Universities Press 1955), S. 420–22; Braceland, F. J., Statement, in *Constitutional Rights of the Mentally Ill* (Washington, D.C., U.S. Government Printing Office 1961), S. 63–74; Rankin, R. S. u. Dallmayr, W. B., «Rights of Patients in Mental Hospitals», in *Constitutional Rights of the Mentally Ill, supra,* S. 329–70.

[47] Davis, op. cit., S. 69.

[48] Braceland, op. cit., S. 71. Dtsch aus Szasz, *Fabrikation,* S. 88.

[49] Solomon, P., «The burden of responsibility in suicide», *J. A. M. A.* 199:321–24 (30. Jan.) 1967. – Deutsch aus Szasz, *Fabrikation.* S. 224–225).

[50] Halleck, S. L., *Psychiatry and the Dilemmas of Crime* (New York, Harper & Row 1967), S. 230.

[51] Tarsis, V., *Ward 7: An Autobiographical Novel* (London u. Glasgow, Collins and Harvill 1965), S. 62.

[52] Elkins, op. cit., S. 190.

[53] Davis, op. cit., S. 186.

[54] Ibid., S. 190.

[55] Ewalt, J., Statement, in *Constitutional Rights of the Mentally Ill, supra,* S. 74–89, S. 75.

[56] Braceland, op. cit., S. 64. – Dtsch. Szasz, *Fabrikation,* S. 88.

[57] Elkins, op. cit., S. 216.

[58] Ibid.

[59] Guttmacher, M., Statement, in *Constitutional Rights of the Mentally Ill, supra,* S. 143–60, S. 156.

[60] Elkins, op. cit., S. 222.

[61] Tocqueville, A. de, *Democrazy in Amerika* (1835–40), Bd. I. S. 273, deutsch: Über die Demokratie in Amerika, Fischer Taschenbuch, 1955.

[62] Dumond, op. cit., S. 11.

[63] Ibid., S. 211.

[64] Goffmann, E., *Asyle. Über die soziale Situation psychiatrischer Patienten und anderer Insassen.* Suhrkamp, Frankfurt a. M., 1972.

[65] Zitiert in «Attorneys-at-Psychiatry», *Smith, Kline & French Psychiatric Reporter,* Juli–Aug. 1965, S. 23.

[66] Siehe Wittgenstein, L., *Philosophische Untersuchungen* (Frankfurt

1967); und Hartnack, J., *Wittgenstein und die moderne Philosophie* (Stuttgart 1962).

Zum Sprachspiel des nazistischen Antisemitismus siehe Arendt, op. cit., insonderheit die S. 80, 96, 141 (der engl. Ausg.).

Dumond, op. cit., S. 251.

Ibid., S. 233.

Elkins, op. cit., S. 36.

Ibid.

Davis, op. cit., S. 121.

Ibid., S. 187.

Ibid., S. 107 u. 115.

Siehe z.B. Davidson, H. A., «The image of the psychiatrist.» *Amer. J. Psychiatry,* 121:329–33 (Okt.) 1964; Glaser, F. G., «The dichotomy game: A further consideration of the writings of Dr. Thomas Szasz.» *Amer. J. Psychiatry,* 121:1069–74 (Mai) 1965.

Siehe Menninger, W., *A Psychiatrist for a Troubled World* (New York, Viking 1967).

Siehe Davis, op. cit., S. 193.

Szasz, T. S., «*Whether Psychiatry?*», in: «*Ideology and Insanity*», S. 218–245.

6. Die Ethik der Sucht

*) Mill, 3.5., Über Freiheit, S. 16f.

7. Psychiatrisches Klassifizieren als eine Strategie der Persönlichkeitsknebelung

Potter, V. R., «Society and science.» *Science,* 146:1018–22 (20. Nov.) 1964, S. 1022.

Freud, S., «Charcot» (1893), in *Gesammelte Schriften,* Bd. 1, S. 23, Frankfurt 1952.

Kolle, K., Einführung in die Psychiatrie. 4. Aufl., Stuttgart, 1966, S. 10–11.

Ibid., S. 11–12.

Zitiert in Menninger, K., *Das Leben als Balance: Seelische Gesundheit und Krankheit im Lebensprozeß* (München 1969).

Ibid.

Siehe Szasz, T. S., *Geisteskrankheit – Ein moderner Mythos? Grundzüge einer Theorie des persönlichen Verhaltens* (Olten und Freiburg im Breisgau 1972).

[8] Kolle, op. cit., S. 16.

[9] Ibid.

[10] Siehe in diesem Zusammenhang Matson, F. W., *Rückkehr zum Menschen. Vom mechanistischen zum humanen Weltverständnis* (Olten, 1969).

[11] Sartre, J. P., *Die Wörter,* übers. v. Hans Mayer (Reinbeck bei Hamburg, 1965), S. 107.

[12] Ibid., S. 139.

[13] Siehe Szasz, T. S., *The Ethics of Psychoanalysis: The Theory and Method of Autonomous Psychotherapy* (New York, Basic Books 1965).

[14] Rogow, A. A., *James Forrestal: A Study of Personality, Politics, and Policy* (New York, Macmillan 1964).

[15] Siehe z.B. Goffman, E., *Asyle. Über die soziale Situation psychiatrischer Patienten und anderer Insassen* (Frankfurt, 1972).

[16] «The Unconscious of a Conservative: A Special Issue on the Mind of Barry Goldwater.» *Fact,* Sept.–Okt. 1964.

[17] Szasz, T. S., *Fabrikation* S. 428.

[18] Szasz, T. S., *Law, Liberty, and Psychiatry: An Inquiry into the Social Uses of Mental Health Practices* (New York, Macmillan 1963).

[19] Zitiert in *Time,* 20. Nov. 1964, S. 76. (dtsch. *Fabrik.* S. 97).

[20] Kolle, op. cit., S. 11–12.

[21] Emerson, R. W., «Apothegms» (1839), in Lindemann, E. C. (Herausg.), *Basic Selections from Emerson: Essays, Poems, Apothegms* (New York, Mentor Books 1960), S. 173.

[22] Zitiert in *Life,* 6. Nov. 1964, S. 88.

[23] Ibid.

[24] Walsh, J., «Sartre, J. P.: French philosopher is model of literary intellectual by two cultures definition». *Science,* 146:900–2 (13. Nov.) 1964, S. 901.

[25] Ibid.

Namenregister

Sachregister